流沙河先生（1931、11、11—2019.11.23），四川金堂人，诗人，作家，学者，著有《故园别》《十二象》《锯齿啮痕录》《庄子现代版》《Y先生语录》《书鱼知小》《文字侦探》《白鱼解字》《正体字回家》《字看我一生》等。

正體字回家

細說簡化字失據

流沙河 著

手稿珍藏本

新星出版社
NEW STAR PRESS

图书在版编目（CIP）数据

流沙河解字三书．3，正体字回家 / 流沙河著．-- 北京：新星出版社，2020.11
ISBN 978-7-5133-3508-9

Ⅰ．①流… Ⅱ．①流… Ⅲ．①汉字－正体字－研究 Ⅳ．① H12

中国版本图书馆 CIP 数据核字 (2020) 第 197461 号

流沙河解字三书．3，正体字回家
流沙河　著

责任编辑：高晓岩
责任印制：李珊珊
装帧设计：冷暖儿

出版发行：	新星出版社
出 版 人：	马汝军
社　　址：	北京市西城区车公庄大街丙3号楼　　100044
网　　址：	www.newstarpress.com
电　　话：	010-88310888
传　　真：	010-65270449
法律顾问：	北京市岳成律师事务所

读者服务：	010-88310811　　service@newstarpress.com
邮购地址：	北京市西城区车公庄大街丙3号楼　　100044

印　　刷：	北京美图印务有限公司
开　　本：	889mm×1230mm　　1/16
印　　张：	15
字　　数：	110千字
版　　次：	2020年11月第一版　　2020年11月第一次印刷
书　　号：	ISBN 978-7-5133-3508-9
定　　价：	420.00元（套装）

版权专有，侵权必究；如有质量问题，请与印刷厂联系调换。

本書緣起

　　少時受過古文字學的啟蒙，所以對簡化漢字看不慣，心識其非。只是由於馴服聽話，照學照用，不說二話。上個世紀五十年代被定性為資產階級右派分子，戴上敵對帽子，留本單位監督勞動改造以後，得以苦役餘暇研習甲骨文和金文以及《說文解字》。本單位領導人便知我在偷讀"有毒書籍"，亦容忍了。回想起來，此亦恩德，使我晚景有所自娛。本書便是自娛之作的一種。

　　人老體衰，自娛也要有人鼓勵，方敢嘗試。前年十一月十七日，FT中文網托吳鴻向我約稿，談古文字。我即允以寫一系列專說簡化漢字之失的文章，每週一篇，每篇千字，供其連載。此後吳鴻又引該網總編輯張力奮先生來面談並採訪，促我動筆。沒有他們的鼓勵，一怯二懶，我就不會動筆了。筆一動，路就亮，腳便停不下來。正是莊子說的"其行盡若馳而莫之能止"，而人也就感到活得有趣了。天生驢性，要有重馱，它才快活。如此兩三個月，積篇既多，心頭穩住。於是去年春節後，開始連載。稿子都由吳鴻來拿，並由他發到網站去。吳鴻虛胖多病，夏日跑來，滿頭汗水，大口喘氣，真虧他了。

　　我這兩年多來，蒼天眷照，未病倒過。只是春傷風，夏喝暑，秋受涼，冬怕冷，小瘓不斷。加之喉喑眼疼，交相凌侵，亦甚苦也。每次頹然停筆，黯然閉目，獨臥黑隅之時，總是在想："罷了罷了，完不成了。"後來驢子又上路了，大聲歡叫。這是命，謝蒼天。

　　難忘去年九月，吾蜀古文字學前輩杜道生教授謝世，後繼無人，令我悲傷。杜老唯一入室弟子王旭，去年十月四日前來看我，送我《杜道生傳》《百歲手稿精選》和文字學著作一篇，並詳為陳說杜老生平事跡以及研究文字學之成就。敬聆之後，我感激王旭的信任，心知這就是薪盡火傳啊，竟臨到我了。我回答說："杜老有靈在我頭上三尺，見我白髮伏案正在寫《正體字回家》，定當含笑。"王旭人到中年，體格魁梧，舉止莊重，入出俱行跪拜古禮，令我肅然，不敢不自儆。寫書固然一己自娛，但也是薪火的自覺。

　　本書昨日脫稿。今日寫了緣起，交代如上。

流沙河
二零一四年六月二十六日長壽路十號寓所北窗下

目录

零零一・請來醜字考教授
零零二・半邊街上砍一刀
零零三・要修什麼怎樣整
零零四・土羊觸牆僚變屌
零零五・女頭淋水齡無齒
零零六・踐踏國名一枝花
零零七・黨國二字要認清
零零八・所謂鬥爭你不懂
零零九・車無輪子戰失單
零一零・卩是英文产不生
零一一・廠中空了家中頭
零一二・愛已無心如何戀
零一三・一點一劃少不得
零一四・麻稈高粱變樹木
零一五・聖心為怪又拉俠
零一六・歲星緩步夢眨眼
零一七・一日嫌簫踩高蹺
零一八・貓豬變狗龍變融
零一九・兇被砍頭孫失繫
零二零・兇屍消失火災存
零二一・縣區鄉字有道理
零二二・農有海蠶来有刀
零二三・饞蟲吐綠日下看
零二四・臉面可食天降參
零二五・類而無犬肩入顱
零二六・鄉愿有福鳥顧人
零二七・腦凶髮長請理髮
零二八・鬍鬚有毛腫則重

目录

001・請来醜字考教授 / 001
002・半邊街上砍一刀 / 003
003・要修什麼怎樣整 / 005
004・土羊觸牆僚變屍 / 007
005・女頭淋水齡無齒 / 009
006・踐踏國名一枝花 / 011
007・黨國二字要認清 / 013
008・所謂鬥爭你不懂 / 015
009・車無輪子戰失單 / 017
010・卫是英文产不生 / 019
011・廠中空了家中頭 / 021
012・愛已無心如何戀 / 023
013・一點一劃少不得 / 025
014・麻稈高粱變樹木 / 027
015・聖心為怪又拉伕 / 029
016・歲星緩步夢眨眼 / 031
017・一日嫌舊踩高蹺 / 033
018・貓豬變狗龍變鮑 / 035
019・兒被砍頭孫失繫 / 037
020・兇屍消失火災存 / 039
021・縣區鄉字有道理 / 041
022・農有海蠶耒有刀 / 043
023・饞蟲吐絲日下看 / 045
024・臉面可食天降麥 / 047
025・類而無犬肩入顱 / 049
026・鄉愿有福鳥顧人 / 051
027・腦凶髪長請理髮 / 053
028・鬍須有毛腫則重 / 055

目录

零二九·見被籠頭貝砸殼
零三零·開關無門門口鬧
零三一·余非多餘喂非餵
零三二·一山南北分陰陽
零三三·寸日尺旦怎樣講
零三四·歷曆借力到二星
零三五·風失神話鳥失爪
零三六·是人是馬都去欢
零三七·佳遭罕網鳥投羅
零三八·奮翅脫逃沒有鳥
零三九·瞿懼人懼準准分
零四零·單翼難飛學算術
零四一·游遊周週各有用
零四二·不走為还寸走过
零四三·舌舌有別达對了
零四四·從从叢丛馨成整
零四五·征戰徵婚大不同
零四六·復複成复衝沖冲
零四七·皇后在後佛非彿
零四八·巠本經綠御非禦
零四九·蹤跡古蹟踐躁之
零五零·一勺二斤鼠逃躥
零五一·蹺躍畢倉有象形
零五二·万本殁字兵入室
零五三·躧不開刀纏開刀
零五四·壽戩被滅耕長壽
零五五·絲木為樂鄭與關
零五六·婿成女性碍成得

第 B 页

目录

029・見被籠頭貝砸殼 / 057
030・開關無門門口鬧 / 059
031・余非多餘喂非餵 / 061
032・一山南北分陰陽 / 063
033・寸日尺旦怎樣講 / 065
034・歷曆借力剹二星 / 067
035・風失神話鳥失爪 / 069
036・是人是馬都去欤 / 071
037・佳遭罕網鳥投羅 / 073
038・奮翅脫逃沒有鳥 / 075
039・鳥瞿人懼準准分 / 077
040・單翼難飛學算術 / 079
041・游遊周週各有用 / 081
042・不走为还寸走过 / 083
043・舌舌有別达對了 / 085
044・從从叢丛鑿成凿 / 087
045・征戰徵婚大不同 / 089
046・復複成复衝沖冲 / 091
047・皇后在後彿非佛 / 093
048・巠本經線御非禦 / 095
049・蹤跡古蹟踐踩之 / 097
050・一勺二斤鼠逃躥 / 099
051・蹺躍畢倉有象形 / 101
052・万本殁字兵入室 / 103
053・躔不開刀纏開刀 / 105
054・罼鐵被滅耕長壽 / 107
055・絲木為樂鄭與關 / 109
056・婿成女性碍成得 / 111

目录

零五七·指甲非叉只乃尸
零五八·筆笔書书畫划界
零五九·刀劃槳划隶非隸
零六零·洗碗為盡丑不醜
零六一·對設業版尋量蓆
零六二·陀螺紗專導正道
零六三·采採樹葉爲馴象
零六四·爭魚草裙三隻手
零六五·异異弃棄糞供田
零六六·嚳祭廚竈興打夯
零六七·輿是板車与舉舉
零六八·轉轂手擊執鑄腕
零六九·亂乃治絲隱非急
零七零·启啟数數敵厘釐
零七一·僉是集合雲徽分
零七二·殺非割木穀非谷
零七三·僕仆報審獸跡
零七四·獵獸犧牛儀態美
零七五·羆黽蛙黿竈大腹
零七六·盧非卜尸瘧瘴醫
零七七·藥薑蘋蘭樹有葉
零七八·簡掉聲符失讀音（一）
零七九·簡掉聲符失讀音（二）
零八零·簡掉聲符失讀音（三）
零八一·簡掉聲符失讀音（四）
零八二·簡殘聲符讀音難（一）
零八三·簡殘聲符讀音難（二）
零八四·簡殘聲符讀音難（三）

目录

057・指甲非叉只乃叵 / 113
058・筆笔書书畫劃界 / 115
059・刀劃獎划隶非隸 / 117
060・洗碗為盡丑不醜 / 119
061・對設業版尋量蓆 / 121
062・陀螺紡專導正道 / 123
063・采採樹葉爲馴象 / 125
064・冄魚草裙三隻手 / 127
065・异異弃棄糞供田 / 129
066・爨祭廚竈興打夯 / 131
067・輿是板車与與舉 / 133
068・輨轂手擊執銬腕 / 135
069・亂乃治絲隱非急 / 137
070・启啟数數敵匜鍪 / 139
071・僉是集合霉黴分 / 141
072・殺非割木穀非谷 / 143
073・僕仆報審審獸跡 / 145
074・獵獸犧牛儀態美 / 147
075・羆龜蛙黽竈大腹 / 149
076・盧非卜尸瘧癢醫 / 151
077・藥薑蘋蘭樹有葉 / 153
078・簡掉聲符失讀音（一） / 155
079・簡掉聲符失讀音（二） / 157
080・簡掉聲符失讀音（三） / 159
081・簡掉聲符失讀音（四） / 161
082・簡殘聲符讀音難（一） / 163
083・簡殘聲符讀音難（二） / 165
084・簡殘聲符讀音難（三） / 167

目录

零八五·簡殘聲符讀音難（四）
零八六·簡錯聲符音讀訛（一）
零八七·簡錯聲符音讀訛（二）
零八八·崖岸作厠豈澀潔
零八九·運動軀釀會會餐
零九零·這聲誇讚競可厭
零九一·艷麗構講製畫圖
零九二·望竊离靈柬有刺
零九三·塗屑節婦歸掃臺
零九四·嚴辭極備淵肅範
零九五·束鄰戲劇虧壺蓋
零九六·幾几饞飢繼斷蠱
零九七·崑崙郵遞點電燈
零九八·兩隊蟎蟲蠱害人
零九九·獸號驚蝦偉傑慄
一零零·猶獻尤親熱书衷
一零一·耀煉鋼鐵築犖礎
一零二·擁護憲法慶麒麟
一零三·識職幹乾干審錄
一零四·寧宁薴芧闇與闈
一零五·恆憶讒峨鬱以斃
一零六·墾嶺拐匆勝壕寶
一零七·鐘轟鋢聶繰繭蹄
一零八·殲滅癱腫無積團
一零九·膠帶補網捨滬吳
一一零·聯盜羨次氛窠裏
一一一·監鑑覽艦臨鑰邐

目录

085·簡殘聲符讀音難（四）／ 169

086·簡錯聲符音讀訛（一）／ 171

087·簡錯聲符音讀訛（二）／ 173

088·崖岸作廁豈澀潔 ／ 175

089·運動醞釀會會餐 ／ 177

090·這聲誇讚競可厭 ／ 179

091·艷麗構講製畫圖 ／ 181

092·望竊卤靈棗有刺 ／ 183

093·塗唇節婦歸掃臺 ／ 185

094·嚴辭極備淵肅範 ／ 187

095·東鄰戲劇虡壺蓋 ／ 189

096·幾几饑飢繼斷盫 ／ 191

097·崑崙郵遞點電燈 ／ 193

098·兩隊螨蟲蠱害人 ／ 195

099·獸號驚蝦偉傑慄 ／ 197

100·猶猷尤親熱弔喪 ／ 199

101·糴煉鋼鐵築鞏礎 ／ 201

102·擁護憲法慶麒麟 ／ 203

103·識職幹乾干審錄 ／ 205

104·寧宁寍苧閭與閆 ／ 207

105·恆憶譏巇鬱以粼 ／ 209

106·墾嶺揹劏勝據寶 ／ 211

107·鐘轟錶聶綵繭蹛 ／ 213

108·殲滅癱腫無積團 ／ 215

109·膠帶補網捨滬吳 ／ 217

110·聯盜羨次氣竅裏 ／ 219

111·監鑑覽艦鹽鑰遲 ／ 221

9

零零一·請來醜字考教授

流沙河

二十世紀七十年代國務院頒佈的第二批簡化漢字,三十年前已經作廢,不必舊事重提。祇是暌隔太久,回想起來,彷彿前生我結拜的一羣狐朋狗友,既深知其可惡,又想再看他們一眼。今朝獨坐北窗,天寒客稀,不忘舊雨,且請他們回來叙叙。他們回來七十二位,恰够古賢之數。六六排列,共十二列,亮相如下。

丁辺参金垟坙（街道修整牆壁）
布亻旰吐苎苁（幕僚瞎嚷蒙蔽）
妛令夻跻渼氿（嬰齡騰踢灌酒）
厷殝扑弹䴙历（雄殿爆彈霹靂）
厶宁迠堂沪抪（私寮建堂演播）
秾尊彐芷忄忢（穩尊雪藏情意）
籿合元旦粎胡（糖盒圓蛋糠糊）
午彡芏龙𥦬尸（舞影朦朧短眉）
劥実讠忄四兲（勤富謙懂器具）
灯厡亍甾沈予（燎原停留游豫）

授钅枊尸𡕨忄（擦鏡撤展鞋帽）
跍㑅囗皃忄忄（蹲靠面貌懶愉）

　　狐朋狗友排列亮相，適逢師大中文系龔教授送書來。龔教授既不老也不少，求學年代正好碰上第二批簡化字，所以認得，勉強通讀一遍。不過仍將茊（蕨）誤認作蔻了，钅（鏡）忄（愉）也不認識。妥令（嬰齡）他傻了眼，茫然相視。最可驚的是認不得元旦。我說："這是圓蛋二字。"他才恍然悟了，怪笑稱奇。後來我又考了一些老友小友，竟無一個能及格的。

　　如此可笑的第二批簡化字，堪歎生不逢辰，面世之日，祖龍已殯天了，四凶已繫獄了，文革已歇台了，文化人也敢由腹誹而囁議了，所以遭到明抵暗抗，暫行兩年，即告廢除。那些明抵暗抗的文化人，祇是覺得政府把漢字簡化成這般模樣太可笑了，太難看了。要講道理，也講不出個明堂來。直覺可笑，直覺難看，如此而已。這種直覺起源於漢字文化的浸潤滲透，深棲吾人靈魂之中。直覺不死，漢字不亡。

　　不能全憑直覺，還須講講道理。且將前引那些狐朋狗友請出來講講吧。

零零二·半邊街上砍一刀

流沙河

亍街

簡字　正字

街字簡成亍字，寫起來很方便，三劃。大家都說好，你偏說可笑。請問哪點可笑，願聞其詳。我答，不必用"大家"來壓我。這又不是舉手表決，服從多數。請聽我說，街簡成亍，不講道理，太霸道了。

須知亍這個字，一千九百年前許慎《說文解字》早就有了。這個亍音zhú，不是街字簡寫，義為步。這个亍祇能跟彳字連用。彳音zhī，義為小步。彳亍二字連用，等於躑躅，音義俱同。彳亍，躑躅，二字聲母皆zh，通稱為雙聲連綿詞。詞義為走走停停，遶圈徘徊。考其語源，即蜘蛛也。蜘蛛結網，正是走走停停，遶圈徘徊。比之英語，就是名詞蜘蛛拿去做形容詞，形容動詞的走。

亍zhú乃老資格的正字，古今文章常用，還活着呢。你把它殺了，留下屍體，拖去做了街字簡寫，這不是太霸道了嗎？

彳亍等於躑躅，一詞兩寫，以見漢字語詞豐富，有何不好。縱有不好，政府也無權妄殺無辜字，聽其自家演變淘汰可也。二十世紀三十年代，國民政府也頒佈過簡化漢字。文教界反感，也就陰消了。事涉文字領域，政府不宜管得太寬，倒該借鑑前車，拓開雅量才是。

行丁二字顯然是行字的一分為二。《説文解字》根據篆文行的形態，誤釋為人走路，動詞。其實金文明明白白畫的十字交道，是篆文形誤了。街字從行得義，圭聲。街字若簡成丁，豈不成了可笑的半邊街。

行　𠵈　₩
篆文　金文

辺　道　蹈
簡字　正字　篆文

道字簡成辺字。篆文道左旁俗稱為走之。走之是由篆文行的左旁和篆文止組合成的。行的左旁代表行（局部代表整體），表示字義與十字路有關係。篆文止象左腳形。二者組合起來就是供人行走的路，再配上一個首做聲符，造成道字。道即路也，複稱道路。篆文首象人頭之形。頭髮立卌卌的，其下為額，為鼻（自象鼻形）。眉目臉耳口都省了。首古音同頭，與道聲相近，所以拿來做了道字的聲符。嫌首字筆劃多，以刀易之，勉強可以。不過，道路上一把刀，行人總怕砍着，畢竟非吉祥啊。

零零三·要修什麼 怎樣整

流沙河

參修攸破彶

| 簡字 | 正字 | 篆文 | 金文 |

修字簡成參字。修字從彡攸聲。從彡是說彡字參與字義。攸聲是說攸字表示字音。簡言之，彡作形符，攸作聲符。形符聲符，組合成修，修就是常見的形聲字。舊時人笑"四川人生得憨，認字認半邊"。其實認半邊如果是聲符，那就認對了。有時候認錯了，那是古今音變所致。修讀成攸音，就不準確了。古今音變了，雖不準確，修攸讀音仍近，因為韻母皆ou。可知聲符仍有作用。

修簡成參，聲符遭破壞，讀不出音來，認字就難了。作聲符的攸字既已破壞，却又留下俗稱為反文的攴pū（義與撲同），高踞在彡之上。查此攴字，既不參與字義，又不表示字音，留在那裏有何作用，徒孳困擾於蒙童而已矣。可知修不可以簡成參。

修字右下的彡shān象鬚髮形，參與字義。讀者由此憬悟，修字本義就是修飾鬚髮。至於修理器物、修房子、修養，當然皆屬後起的引申之義了。

作聲符的攸字雖不參與字義，也該順便說說。金文攸從人仰臥水上，從攴（音義皆與撲同）表示手腳划動。憑這兩點，便可推定攸的本義就是仰泳。吾人仰泳，手腳輕划，順流緩緩而下，歷數里而不覺疲勞。本義為仰泳的攸，用於速度則曰悠緩，用於距離則曰悠長，用於時段則曰悠久，用於心態則曰悠然。

夳 整 整

簡字　正字　篆文

整字簡成夳字。《說文解字》："整，齊也。"事物散亂，思想紊亂，社會動亂，整之使齊。怎樣整？請將整字分解成三部份，你就明白怎樣整了。第一，束。束字圓圈繞木，就是捆柴。事物散亂，思想紊亂，約束起來。第二，攴pū。攴字從又（象右手形）執械，就是撲打的撲。誰敢亂動，加以打擊。第三，束了攴了就端正了。文字無階級性，但這整字肯定不是民眾造的。整字內涵可厭，也算反映歷史真實。簡成夳，用大遮掩了歷史的真實，那就不應該了。何況大字放在正字之上，根本講不出個明堂。

零零四・土羊觸牆療變屁

垟　牆　牆　嗇
簡字　正字　篆文　sè

牆字簡成垟字。牆字從嗇sè，左旁聲符是爿字的古寫。逆時針旋轉九十度，放平，便是一張簡易牀之側視。爿豎立在左旁，不涉牆之字義，純粹作聲符用，不必多說。且看右旁的嗇是何意義。嗇字篆文，上面一個來字。此來非come，乃最初的麥字，（象麥株形）音mái lái。後分離成麥mái來lái二字。周民族傳說這種農作物非中土原產，乃從天而降（龍捲風自中亞飛遷至），所以來字下面加個倒止（趾）表示天降，成了麥字。而來字就這樣孳生出外來come一義。嗇字篆文，上來（麥）下㐭（靣），意謂麥收入廩lin。中土先民，麥田收割後，須醒之麥稻帶穗紮成綑綑的，別處堆疊成棚垛。草蓆覆蓋以避風雨。葦席繞垛以禦鼠雀。靣是廩的古寫，象麥垛形。靣，上象草棚覆蓋，下象葦席圍繞。麥收入廩謂之嗇，動詞。嗇後來添禾旁作穡。播種到田曰稼，收麥入廩曰穡。稼穡即做莊稼，務農。舊

麥　來
麦　来

時罵人納袴子弟"不知稼穡艱難",笑慳吝鬼為"查家子"。

麥垛成廩,暫時堆放而已。那些帶穗的麥稭綑,秋後還得拆綑脫粒,成為麥粒,入倉收藏。入倉收藏謂之牆,動詞。動詞牆我蜀人現今還在用着。例如查問:"你把房產證牆到哪去了?"又如捉迷藏蜀童叫"牆貓兒"。牆既有隱藏義,作名詞用就成院牆和城牆了。第一批簡化字簡成墙,麥株不見了,"爿"聲符取消了,已造成損失。第二批進一步簡成垟,既讀不出音,又會不出意,莫名其妙。

仔僚

簡字　正字

僚字簡成仔字。今人但知官僚,官是長官,僚是僚屬(首長下面的眾多公務員)。僚字从人从尞,尞亦聲。尞字甲骨文象一堆篝火,就是燎字古寫。王宮設庭燎以照明,須有奴僕專管燎火,就像中南海也要有電工班那樣。管燎火的奴僕被叫作僚,地位低卑,不能同今之大秘書比較。僚簡成仔,掌故喪失,亦文化損失也。何況人旁一個孑,篆文孑象男根之形,亦即屌字古寫。此字《水滸》作鳥diao。如果小孩問"亻孑"篆文為何物,我能回答說指公務員嗎?

中國作家協會四川分會

零零五·女頭淋水齡無齒

妥 嬰
簡字　正字

嬰字簡成妥字。初生的小女，本來叫嬰兒。因其哭聲嬰嬰yīyī，故名。後借本義為項鏈的嬰字用，遂作嬰兒。借用久了，項鏈本義被人忘掉。史前墓葬常見海貝串連成的項鏈，繞頸佩掛胸前。嬰字二貝表示多貝，繞頸掛着。海貝古人認為陰性，所以女性佩戴。嬰字保存着古代的習俗和觀念，簡成妥字，便丟失了。女子頭上三點水，於義無取，字形亦醜。

令 齡
簡字　正字

齡字簡成令字。齡字從齒令聲。齒表字義，令表字聲。表字義的謂之形符，表字音的謂之聲符。齒字下面一張大嘴張開，兩排牙齒橫列，舌居其間。上面的止作声符用，告訴你齒音止。你若敏悟，當能想到年齡與牙齒有關係。對，所以齡字從齒得義。人之生也，由無齒而有齒，由少齒而多齒，與年歲俱進焉。到壯年而齒全。其後由壯而衰，齒亦與之俱減，若同步焉。吾人年紀本不可視，而對鏡觀牙齒，計其顆數，察其殘損狀況，看其污黯程度，便可估其人之年紀矣。先民造此齡字，以可眼見之齒定推不可視之年紀，何等智慧。若將齡簡成令，看似簡易書寫，實則增添了識字的難度，讓蒙童誤認為年紀是被父母命令的。令與年紀毫無關係。甲骨文令，上面A形是一張大嘴巴之仰視，下面一人跪地恭聽命令。齡與其簡成令，還不如羅馬字母拼音寫成 ling．

令　令　令

篆文　甲骨文

　　請讓我摹擬中國文字改革工作委員會負責人作答："老先生，你說得對。我們的最終目的就是要消滅漢字，以拼音取代之。漢字不科學，又給廣大勞動人民設置學文化的困難，且書寫起來麻煩，擔誤時間。漢字流毒甚深，早在民國初年，劉半農、錢玄同、周樹人、周作人、吳稚輝、胡適之他們就呼籲過了。現在毛澤東主席和周恩來總理又親自領導我們加速前進。你就不要螳臂擋車了。"

"那你們為何又停用第二批簡化字，也不提拼音了？"我問。

"請你注意，祇是停止，並非廢除。"他答。

"那我還得繼續批簡化字，一直寫下去。"我說。

零零六·踐踏國色一枝花

遵照二十世紀五十年代毛澤東的旨意，漢字必須廢除。祇是考慮到人心太頑固，陡然改用羅馬字母拼音，有些頑民要鬧，所以先叫幾個專家來製造簡化字，作為渡船使用，哄着頑民以及順民，告別可惡的正體字，向拼音的彼岸緩緩過渡。當初設想，簡化字一批接一批造出來，政府逐漸推行。這樣簡再簡，簡而又簡，以至七八九簡之後，中央一聲命令，漢字殺絕，咸與拼音。從此腐朽的舊文化失去了載體，全民思想大革命也就指日可待了。孰料到人心太頑固，第二批簡化字招來嘲笑抵制，推不動，行之不得，未及兩年即告夭折。當初顯然設想錯了，對頑固派估計不足。

進入二十世紀八十年代，改革開放，民智乍啟，文化觀念一新，上峯始悟羅馬字母拼音不能取代漢字。遙望那拼音的彼岸，煙水茫茫，禍福難卜，怕是去不得嘍。旁邊有頑民說："既然不去彼岸了，簡化字的渡船也可以取消了。"奈何官不認錯，認錯丟臉。又怕頑民得寸進尺，反攻倒算，危乎殆哉。所以必須堅決頂住，簡體照行不誤。

哈，老頑民我很擁護簡化字。多虧你們簡化漢字，我方纔有可能寫些批評文章，掙點稿費用用。

华　華
簡字　正字

吾國古稱華夏，始自周朝初年，見于《尚書·武成》："華夏蠻貊，罔不率俾。"華是花字古寫。華就是花，古音hū。此時有人問："君非古人，安知古音？"我答，《詩經·小雅·出車》句云："昔我往矣，黍稷方華。今我來思，雨雪載塗。"華塗押韻，所以推測華古音hū。《詩經》有華無花。花字初見於《古詩十九首》之"傷彼蕙蘭花，含英揚光輝"，已是漢代了。國稱華夏，華謂其文采，夏謂其強大。花枝為華的本義，文采則為華的引申義。

　看篆文華，頂上艸，即草頭，中間象花枝下垂形，底下于字做聲符用（于古音hū）。草頭表示此乃植物，象形表示這是花枝，聲符表示要讀hū音。上中下三部份一一講解，兒童都懂。不怕筆劃繁多，弄懂意思，寫起來自然就容易了。兩相比較，簡化的华，化字做聲符用，讀音是容易了。下面从十，莫名其妙。是說變化十次嗎？十次算啥喲，孫悟空還七十二變呢。無道理可講，兒童祇能死記，沒趣味。好好的國名一枝花，不知珍愛，倒去踐踏。

篆文

零零七 · 黨國二字要認清

国　國
簡字　正字

看篆文便知，國字本作或。此或音guó。表示國界的外圍四邊形是後來加上的。國最初就是城，一座城也就是一個國。遠溯到甲骨文，小小一個四邊形就是一座城，戈以守之就算是一個國了。那時尚無國家和國界的概念，所以不需要外圍的大四邊形，祇寫成或guó。甲骨文演變為青銅器上的金文，城外添挖了隍溝，加強防守。演變到篆文，隍溝祇剩城南一段，餘皆省掉，就成了或guó。周初大封諸侯，劃給領土，各建其國。國太多了，甲國乙國丙國丁國，其數上百。單說一個國字，不曉得指的是哪一國，所以面臨着多種可能性，就說"或者""或許""或然"以表示不確定。

國　或　或　或
篆文　篆文　金文　甲骨文

唐代武則天篡奪皇帝位，要表示國是她的國，便另造"八方"加外圍，以

囯　圀
洪秀全　武則天

取代國字。管不久，她一死就被廢除了。清代又有洪秀全造反，封了上千個王，大王中王小王坐天下，所以另造"王"加外圍，以取代國字。同樣管不久，他的太平天國一亡又被廢除了。中華人民共和國繼承太平天國革命事業，國字簡成国字。多那一點指誰？指全體人民嗎？

党　黨
簡字　正字

黨字簡成党字。党字古已有之，是個正字，不能拿去做黨的簡化字。党字从儿（人）尚聲。尚字古音tang，所以堂、棠、倘、淌、躺、趟、輚都用尚做聲符。漢代西羌人的一支名党項羌。党是族名，也作姓用，與黨字不相關。黨字从黑尚聲，義為陳舊，不新鮮。物舊了，色偏暗，所以黨字从黑得義。陳舊即古老，貶義轉褒義。周代鄉官三老，一把手稱黨正，管五百家。黨謂其人資深，正謂其人執政。黨正管五百家，所以五百家為一黨。老鄉又叫鄉黨。進而有了父黨母黨親黨戚黨，同黨異黨，乃至政黨這些說法。黨字簡成党字，拉古代的党項羌人入黨，豈不滑稽。何況還有姓党的，又有姓黨的，兩姓各歸各的。強迫兩姓合併成同一姓，也未免太霸道了吧。

零零八·所謂鬥爭你不懂

斗　鬥
簡字　正字

鬥字簡成斗字。斗dǒu本來是正字，原指舀酒漿的斗瓢，後指量米麥的斗器。金文斗象斗瓢形，所以北斗星民間叫瓢兒星。斗魁斗柄皆可一一指認，共七顆。上個世紀四十年代，在延安搞階級鬥爭，嫌鬥字筆劃繁，工農兵不好寫，把斗字改音dòu，拿去做鬥字的簡寫，鬥爭寫成斗爭，戰鬥寫成戰斗。日久遂不可改，而斗dǒu之本義被遺忘。幸好篆文金文未亡，後代子孫尚可看圖識字，尋找斗字本義，懂得斗酒並非比賽飲量，而北斗星亦非北方某位打鬥巨星。鬥字和斗字都是象形字。嚴格說來，鬥乃動詞，無形可象，那就說成是象意吧。篆文鬥，兩隻手各持械對打之。甲骨文原來是一對仇人，怒髮上衝，出手互摑，正象相鬥之意，是為象意。不過在延安搞鬥爭絕不是叫二人現場對打，大家圍觀。召

斗的篆文　金文

鬥的篆文　甲骨文

開鬥爭大會，是把階級敵人揪出跪下，控訴其罪惡，呸之打之踢之。其罪大惡極者，或關之或斃之。到了中華人民共和國成立後，鬥爭大會仍是這樣開的。祇有迂夫子還認為鬥爭者互鬥相爭也。訓詁學廢不得，以此。

爭字簡成争字。爭字八劃，減掉兩劃，六劃寫成簡字，或能節約一秒鐘的寶貴時間。但是，字形的象意功能也就喪失了。爭字看篆文，是個象意字。怎樣象爭之意？上面橫伸出一隻爪（左手），要搶奪下面一隻又（右手）緊握著的權杖，二人相爭之意就顯現出來了。爭字講解給學童聽，容易懂得。小孩愛爭奪玩具嘛。簡成争字，爪（左手）變成人，人腳踏杖，就顯不出二人相爭之意，也就無道理可講了。

簡字　正字

爭的篆文　甲骨文

甲骨文爭，二人相爭的原來非權杖，而是一缶。缶字下面象缶形，上面午聲。缶是廚房盛飯用的缽缽（簡作缽缽）。爭缽缽也就是爭飯碗。民以食為天，一飲難求嘛。甲骨文爭是給百姓造的，篆文爭則是給官造的，都很有趣。你那樣一簡化，節約一秒，趣味盡失。

零零九 · 車無輪子戰失單

军 **軍**
簡字　正字

軍字簡成军字，其實是車字簡化造成的。篆文車象轉輪之形，而非車輛之形。古代通用兩輪馬車，故曰車輛。而車字僅一輪，有軸一，轄二，是個完整的象形字。至於軍字所從之車則應該指戰車。篆文軍從車從包省（包字省掉巳）。車包為軍，是說野戰之軍宿營在外，俱以戰車圍成圈，士兵和司令部被包在大圈內。這樣紮營比較安全，利於迎戰來犯之敵。戰車圍成大圈，車轅卸下戰馬，自然上翹指天。車廂底面向外，排成一圈圍牆大圈，留個缺口出入，謂之轅門，即軍營之門也。軍字本義應是軍營，象意。

軍說了，續說車。車輪正圓，斜看遂成橢圓。車簡成车，連橢圓也看不見了，焉知其為輪耶？自廢車字的象形功能，恐怕不利於蒙童識字吧？車字本義為轉輪，名詞。高速轉輪削物，亦謂之車，動詞。

車 篆文

車 篆文

战 戰
簡字 正字

戰字簡成战字，從戈占聲，成了簡明易解的形聲字，看似不錯，可以接受。深入探討，疑竇生焉。請看正字戰告訴我們，作戰須用兩類武器，遠擊用單，近擊用戈。戈，平頭戟也。單是什麼武器，請細說之。

前輩古文字學專家，惟陳獨秀一人看明白了單為何物。單讀dàn音，投石器也。後來用弓發射石球，單加弓旁成彈，槍炮子彈的彈。《舊約》記載大衛用投石器遠擊敵人。舊時兒童自製玩具，一條麻繩中段綴小布兜，內置卵石。緊握麻繩兩端，高舉回旋加速，忽鬆手放一端，卵石即沿圓周切線飛出，投射甚遠。《水滸》張清，外號沒羽箭，"飛石打英雄"，一石打中魯智深落下馬。單的金文和甲骨文，下面盾dùn做聲符，上面象形，一繩兩端綴以革兜（俗呼皮碗）。置石兜中，可以連續投射二石。重慶有地名彈子石，此地圓卵石可供投射以用。弓箭手編成排，而投石器可獨自為戰，所以產生"單獨"一詞，而單可訓獨了。

單簡成单，自廢象形功能，不可取也。

單 單
簡字 正字 金文 甲骨文

二零零·卫是英文产不生

卫 衛
簡字 正字

衛字簡成卫字。這個很像英文字母P的卫字，革命資歷甚老，據說早在建國之前，解放區就已經把衛字簡寫成卫字了。以往簡寫多係減筆而成，讀者依稀彷彿尚可據形識字，不算太難。卫則不然，絕不可能據其形而識其字。古人草書，哪怕狂草，也未見過衛字草成卫的。百思不得其解，忽然想起英文Protect義為保衛，動詞。或許當初在解放區衛簡成P，正是取其字頭作縮寫吧。果如此，思想未免太解放了。二十世紀五十年代上面造簡化字，乃改訂P為卫，納英文入漢字，功德圓滿。唉，天意難知，姑妄說之如上。

衛是正字，上承金文。先是四個止字（四隻腳蹠）繞城巡邏，象保衛的意思。後是当掉東西兩止，添加行字（行是十字交道），表明保衛的非小城，乃團都。

金文　金文

甲骨文卜辭有"衛臣""多衛""多射衛"。衛應該是官名，職掌國都城防部隊。至今京城仍有衛戌部隊，駐紮四郊，較之四腳繞城巡邏嚴密完備多矣。金文四腳繞城巡邏之衛，看圖識字，饒有趣味，一講便懂。缺點是書寫太煩了。簡成卫字，便不可解，趣味盡失，祇好死記。

产　產
簡字　正字

產字簡成产字。注意產字從生得義。生，生長，生殖。產字拿掉生，便失去字義，無法講解。世界上哪有不生之產，謬哉。

產字有聲符嗎？有，聲符為彥。產彥韻母同 an，勉強做了聲符。造字時考慮到字形美，所以彥字拿來做聲符時省掉三撇。這就叫彥省聲。準確說，產從生，彥省聲。

簡化了的产字，不但不生，而且不文。產與文不文固然沒關係，但是彥字從文得義。粗魯無文，非彥士也。彥字本義為文采為美好。下面三撇象鬚髮修飾之美，也參與彥的字義。這個三撇也是字呢，讀音與三相同。衫字正是從衣，三撇做聲符呢。

彥簡成产，仍是九劃，並未達到減筆劃的目的，反而使其字義不彰。這不是成了無得而有失嗎？

产　彥
簡字　正字

零一一·廠中空了家中頭

厂 廠
簡字　正字

廠字簡成厂字。他明明知道，厂广非一字，不能這樣簡。厂音àn，象山岸和水岸之形。一橫象岸邊。左邊象陡岸之斜坡端。若是山岸，斜坡之下便是溝壑。若是水岸，斜坡之下便是江河。厂àn就是岸，音義皆同。你看篆文危，那人站在岸邊向下探看，而危險之義自見。不小心一失足，就有性命之憂，所以危字這樣造呢。據此危字可知，厂àn乃右岸。古人尚右，其來久矣。然後說广yǎn，音雖近厂àn，形和義却相去甚遠。金西文广yǎn象廂房形。舊時庭院，正房向南，東西廂房互向。庠序庖廚庚庫廄廁都在廂房，所以字皆從广yǎn。廂房有空置的可做作坊用的，俗呼廠房。工廠一詞就是這樣來的。廠字从广yǎn敞聲。簡掉聲符，也祇能寫成广，不能寫成厂呀。明知厂广二字形音義皆不同，他還是把廠簡成厂，而不簡成广。原因很簡單，他要把广留着充當廣的簡字。他這樣亂

危
篆文危

广
金文广

簡，詩人林厂民成了廠民，音樂家劉雪厂成了雪廠。天上飛的大雁，雁字用厂卻做聲符，也該改名大廠了。

实　實
簡字　正字

實字簡成实字。這樣簡化，緣自草書。草書寫得好，具有藝術美，可供欣賞，完全不考慮是否講得通。寶蓋下面安放一顆簡寫的頭（头），毫無意義可講。實字本義為富。有錢人家，舊時謂之殷實富戶。寶蓋下面是貫。貫字從貝，從毌，毌亦聲。貝，海貝，古人用作貨幣。字從貝，必與財富有關。貝上的毌是個象形字，音guàn。毌象錢串形。舊時銅錢圓廓方孔，以繩穿之。毌字一橫象繩，銅錢穿在繩上。兩個銅錢疊合，以其側邊示人，所以不見圓形。若讓兩個銅錢分離，再旋轉九十度，就變成串字了。串字古音同毌，毌串本

毌　串
guàn　chuàn

一字也。怕毌字不好認，加個貝字成貫。寶蓋下面一貫，表示家中有錢。錢多得數不清，謂之家財萬貫。家中有錢為富。富了就殷實了。實了就不虛了。由此衍生出實在、實物、實業、真實、誠實、籽實諸詞。正字實能講出道理來，為自己的存在作辯護。一旦簡化了，就成啞巴了。

零一二 · 愛已無心如何戀

爱 愛
簡字 正字

愛字簡成爱字。《禮記·禮運》：「何謂人情？喜、怒、哀、懼、愛、惡、欲。」愛為人類七情之一。愛之種類，又因受愛對象以及方式不同，可分為仁愛、博愛、親愛、慈愛、敬愛、惠愛、憐愛、喜愛、珍愛、友愛、情愛、性愛等等。內涵豐富的愛，一經簡寫成爱，就祇剩下友愛這一種了。減了筆劃，損了內涵，壞了定義。也不想想，你教老師怎樣在課堂上講解這個簡化爱字。

愛這個字，心字居中，可知字義不出感情範圍。心字之上，看原篆文是旡（既），象人掉頭向後面打飽嗝之形。旡字就是今之噎字。古今音變，ji音變成gé音。旡在這裏作聲符用，不涉字義。心字之下，是倒寫的止字。止，趾也。愛字從倒止，表示與走路有關係。愛字本義是步行不輕快，拖拖沓沓。必須拿掉倒止，看第二個篆文，這

篆文 篆文

才是七情之一的怎字。奈何怎字受到冷遇，典籍都借用爱字顶替。顶替既久，步行不轻快的本义逐被遗忘，而怎字亦废置不用矣。

恋　戀
简字　正字

戀字简成恋字。戀是形声字，从心，䜌声。䜌音luán，也是孌、孿、欒、鑾、鸞、臠诸字的声符。戀和以上所举诸字不同，今音liàn。小时候听山西来的一位老师戀爱说成"亂"爱，学生哄笑，不知那是古音。戀字晚出，《说文解字》查无，可知东汉之前尚未造出。但是䜌字早就有了，《说文解字》释曰"亂也"。亂字本义祇是治丝，初非捣亂、動亂、混亂、战亂。所谓治丝者，绞丝成线也。请看䜌的古文和甲骨文，正是手绞三丝之形。由此可知䜌亂二字音义皆同，就是用手绞合三丝成为一线，正如旧时女子双手握住三股头发，交叉编成辫子那样。篆文䜌，三丝中间错成言字，遂令后人不得其解。周谷城先生说，湘中农女搓麻成绳，谓之luán麻，即䜌麻也。男女相好，感情互相交叉绞合，你中有我，我中有你，所以叫戀。简成恋了，便无道理可讲，不如干脆写成love。

䜌　戀　愛
篆文　古文　甲骨文

零一三 · 一點一劃少不得

羨字簡成羡字。他以為少寫一點，無傷大雅，怎知那一點絕對少不得。看篆文便明白次與㳄形音義皆不同，是兩個字，不能互相混用。次字從欠從二，意思是打呵欠有一還有二，打個不停。次左旁的兩點非水也，乃二也。次右旁的欠象人呵欠形。欠下為人，欠上為气，欠就是人張口深呼吸。非有意的深呼吸就是打呵欠。與次不同，㳄字从欠從水（三點水），意思是流口水，音xián，即涎字的古寫。可知次和㳄各有其音義，絕不能混同。

遠古人類之從事農耕者，難得肉食。漢代諺語"過屠門而大嚼"，所以譴之。彼出見羊肉懸賣，忍不住流口水，羨也。這樣造個羨字，你不覺得真有趣嗎？那位古板無趣的文字改革專家偏要改羨成羡，不允許流口水，免現饞相，不能說他動機不好。祇是，唉，他能給我們講清楚羊次為羨的道理嗎？

簡字　正字

篆文次　篆文㳄

盗 **盜**

簡字　　正字

盜字簡成盗字。這和羡一樣，也是混同了次（涎）與次，其謬彰然，不必再說。那就說說盜下的皿字吧。皿即碗，象形字。金文皿高足，底座，碗沿外翻。篆文把外翻的碗沿錯成八字了，與碗脫離，致使正字皿也跟著錯了。皿（碗）是用來盛食物的。食物之色香味引起小孩食欲，唾液大量分泌，垂涎現饞相，趁大人不防，忍不住偷嘴。天啦，這就叫盜！盜簡成盗，無理可講。

皿　　篆文　　金文

温 **溫**

簡字　　正字

溫字簡成温字。我測驗過，幾乎無人相信温字是簡化字。久矣夫，文字之學不講也。補講還來得及。温是一條河的名字。拿掉三點水，才是溫柔溫暖溫熱的本字。後被水名之温取代，無由返本，姑且如此。溫字從囚，是說碗盛食物，密閉保溫，要像單間繫囚那樣，嚴加禁閉，不許放風。囚字簡作日字，便失密閉保溫之意。簡字温范仲淹能接受。他少時窮，曾曬粥以午餐。

零一四·麻稈高粱變樹木

麻 (簡字) **麻** (正字)

麻字簡成麻字。我敢說，大陸國人知悉麻為簡化字者，今已幾希。他不認識房廊下的似林非林之字，也不想想房廊之下哪來樹林。那個似林非林之字音Pié，其篆文象麻稈扒皮之形。麻植田中，稈皮扒下，撕細搓繩，謂之劈麻。篆文從草從八。八即扒，扒皮也。劈是別字，錯了。這個篆文才是正字。簡化的麻字把這個篆文寫成樹林的林字了，大謬。未簡化的麻字告訴我們，田中麻株連根拔起，搬回家中房廊之下晾乾，然後扒皮。正字教我們房廊下扒麻皮，而簡字則誤導我們，愚弄我們。

(篆文) Pié

术 (簡字) **術** (正字)

術字簡成术字。術字本義是城中的街衢，所以字從行。甲骨文行象十字街口之形。學術技術手術都是從本義街衢那裏引申出來的。其理正如英文 way 本義為道路，引申義為方式方法。這叫"人同此心，心同此理"，曷分英漢。術簡成朮，字之本義因丟掉行（彳+字街口）而迷失，子孫後代再也找不回來了，吾當為之一哭。還有，術字中間那個朮字作聲符用，其字形也跟著被簡壞了。

篆文朮象高粱植株之形。朮字後加禾旁作秫 shú，義為高粱品種中之具黏性者。篆文朮頂端象粗大的穗子，其下從八，亦扒皮也。高粱稈皮可扒下編器物，所以從八。簡字术，木字加一點，是什麼意思？我去請教誰？

术 朮
Shú　篆文

隨著朮字被簡壞，一批用朮作聲符的正字都跟著遭了殃，被累打了。

秫怵述這三個簡字，朮錯成木字加一點。

秫 怵 述 殺 剎
秫 怵 述 杀 刹

杀刹這兩個簡字，朮却缺失一點，亦無道理可講。其中簡字杀甘脆不要殳。他不知曉殳為人手持械，需有這個右旁，才能會出殺戮之意。簡字杀，上部的交叉讀 wǔ，放在這裏作毋，下部是十和八。毋與十八不管怎樣生硬牽合，也會不出殺戮之意。那何必這樣寫，就寫成 Kill 好了。

零一五·聖心爲怪又拉伕

圣 簡字　　**聖** 正字

聖字簡成圣字。甲骨文有聖字，左畫一耳朶，右畫一嘴巴，意思是既長於偵聽，又善於言辭。偵聽用於狩獵，用於戰爭。言辭用於外交，用於內政。這兩方面都很得行，就是聖人。不是什麼堯舜禹湯文武周公孔子老子，更早期的遠古社會，酋長即聖人，大酋長即大聖人。篆文聖，上部一耳一口，承襲自甲骨文，下部是一人站在土之上。正字聖又承襲篆文，所以你要看清，此字下部不是王字，而是人下一土。俗謂耳口王爲聖，錯了。人下一土，這是俇字古寫，絕對不能寫成王字。正字望的下部同樣也是人下一土，絕非王字。望字右上是月，人站在土之上看月亮，而左上的亡是聲符。簡化字下部簡成王，祇有國王有權看月亮嗎？若說王做聲符，那就一字二聲符了，不嫌添麻煩嗎？正字聖下部的人下一土，人是遠古酋長，他站在土之上，耳聽信息，口宣命令。老師講解聖字，如此這般講得清楚，小學生都明白，而且容易記住筆劃，書寫不難。相反，簡字圣沒法講，祇能死記。況且這個圣是古字，見《說文解字》，音Kú，義為用手刨土。此字又在土上，正象右手刨土之意。Kú音若轉成guài，就是怪字的聲符了。怪字從心圣聲。若將圣認成聖，豈不成了聖心為怪。小學生說："心想怪事，就是圣(聖)人。"

　　篆文圣Kú義為用手刨土，此字上部的又正象右手之形（五指省畧成三指）。右手在土之上，暗示刨土。右手和土，一置上，一置下，刨土之義自出，這叫象意。名詞字可象形，動詞字無形可象，那就象意好了。正字凡是有從又的，皆有道理。簡字則不然，隨便拉又字來湊字形，根本不考慮又字放在那裏有沒有意義。誰能賜教鄙人為何又水為漢，又人為僅，又鳥為鷄，亦又為變，戈又為戲，力又為勸，

汉 仅 鸡 难 变
漢　僅　鷄　難　變
戏 劝 对 观 邓
戲　勸　對　觀　鄧

邑又為鄧，等等。原來簡字之法亦有時而窮，不得不亂拉伕。拉來一個又，可省多少事。

零一六·歲星緩步夢眵眼

歲字簡成岁字。正字歲從步戌聲。步字被拆成上下兩截了，上半截放在戌字的上面，下半截放在戌字的下面，所以不易看出歲字從步。既然從步得義，便可斷言歲字本義一定和走路有關係。步行就是走路。篆文金文甲骨文的步字都是兩隻腳印，左腳前，右腳後。走路先出左腳，後出右腳，至今如此。左腳一跨，右腳一跨，謂之一步。止字左腳，反止便是右腳。止即趾也。戌是歲的声符。戌聲之字有徐，義為緩步。歲字的本義就是慢慢走。難怪古人木星叫作歲星。日月五星都在天空黄道上走（即視位移），木星走得慢，一年一宮。黄道週天十二宮，木星要走十二年，才能走完一週天，回到原點。木星一年才走一宮，謂之"歲次"，所以又把一年叫作一歲，歲就等同年了。歲簡成岁，錯得離譜。步字上半截錯成山，下半截錯夕。山夕上下組裝成岁，兩錯結合，彰顯簡化之謬。

梦 夢
簡字　正字

夢字簡成梦字。做梦與樹林不相關，簡字之無理不必多說了。回頭說正字夢。上半部的橫目之上，似草頭非草頭，實乃目上之毛。橫目之上生毛，此即眉字古寫，借作寐字用。入睡曰寐，睡醒曰寤。做夢時已入睡，所以夢字從寐（借眉作寐使用）。下半部是冪字古寫，其下一夕。做夢總在晚間，所以從夕。夢裏似處於冪蓋的蒙蔽下，所以又從古寫的冪。正字夢講得通。下面還有三個異體夢字，順便講講，也還有趣。

　第一個異體字，那是說，屋下牀上做夢。實則屋下牀上也可以不做夢，省掉亦行。第二個異體字筆劃有誤。正確筆劃應作第三個異體字。原來此字下半部是旬字。旬音shùn也就是瞚字，義為眨眼。今人研究睡眠科學，發現人做夢時眼睛眨動，眸左右移動，睫上下扇動，名之曰快眼動睡眠（REM）。看這第三個夢的異體字，其下從旬（眼睛眨動），可知古人早就發現了。

寢 𡊨 𥇒
三個異體夢字

零一七・一日嫌舊踩高曉

旧　舊
簡字　正字

舊字簡成旧字。一日便嫌厭其陳舊，未免新潮太甚。造此簡字旧者當非常人，莫去議論他吧。新舊的舊，本無專字。要想專門造一個字象陳舊意，確實太難。造不出，就去借。於是借得貓頭鷹之一種名舊者，拿來用於新舊的舊。篆文舊从萑臼聲。萑huó上面象毛角形，易與草頭的萑huán混為一字。舊，又名鵂鶹，頭戴毛角，夜鳴淒厲，捕食鼠類。貓頭鷹和陳舊義不相關，純屬借其臼聲而已。古時村中有大石臼，村民公用舂粟。大石臼多高齡，二三百年不壞。所以形容某物年資之老，謂其"很臼"，寫成"很舊"。舊被借用既久，鵂鶹原義遂迷失了。所以我們一見舊字自然想起陳舊，不會想起貓頭鷹之一種。舊字今已習慣，不會讓人生疑。簡成旧字，拆開便是一日，反而啟人疑竇。

　　從前有異體字，舊寫成舊，臼錯成旧，正是一日。今日

舊
篆文

之簡字旧，實源於從前的囱錯成旧，並非主張一曬旧。既然是這樣，我就不該再挖苦他"新潮太甚"。

齐 齊
簡字　正字

齊字簡成齐字。《說文解字》："齊，禾麥吐穗，上平也，象形。"齊的金文和甲骨文能看出象形來，正字齊看不出。許慎不能斷定是哪種農作物，所以混言禾麥。田間作物抽穗平等，不但等高，而且同時，這就叫齊。甲骨文我挑了一個等高的。金文明顯三穗不平等，中間的高，兩旁的低。篆文跑來補救，在下面畫二（不是二字），表示

篆文　金文　甲骨文

遠處的地面和近處的地面。這樣，利用透視原理，構成遠近之差，解釋不齊之齊，妙妙妙。但是，我得承認，篆文雖妙，演變成正字齊，中部的刀匕氏太莫名其妙了，講不出道理來。簡字齐更講不出道理來。上部文象人形，下部是踩高蹺，是說文人一齊表演踩高蹺嗎？順便說說，文即紋身。遠古部落成員，紋身以互相識別，見甲骨文和金文。

篆文　金文　甲骨文

零一八·貓豬變狗龍變觸

猫 簡字　**貓** 正字

貓字簡成猫字。正字貓見《詩經·大雅·韓奕》之"有虎有貓"句，乃指猛獸豹貓。《逸周書》載武王狩獵，擒虎二十二，擒貓二，同樣也指豹貓。豹貓者形似豹而小也。又名山貓，棲息山丘之森林草叢間。又名錢貓，皮毛有褐色錢形斑。亦名貍貓，謂其善埋伏以捕捉鳥鼠似貍類也。總而言之，指的不是家貓。家養之貓漢代以後才從印度傳入中國。猛獸豹貓身長加上尾長將近一米。當初造此貓字專指豹貓，不涉家貓。正字貓從豸苗聲。甲骨文有從豸从田之字，我看正是貓字。豸zhì象貓科動物長脊低伏身態姿勢。體側一田，象錢形斑，以一當多，實非田字。有此一斑便可斷定是豹貓了。巧的是正字貓加個草頭成苗，兼任聲符。簡字猫，豸被簡成犭（犬），硬把貓科改屬犬科，違反動物分科常識，誤導學子，太不應該。

甲骨文貓

猪　豬
簡字　正字

豬字簡成猪字。正字豬從豕者聲。豕象野豬形。篆文豕突出其長嘴筒。者做聲符音煮。簡字猪，豕被簡成犭（犬），也入了犬科。從此犬科增員，狗運亨通。

龙　龍
簡字　正字

龍字簡成龙字。正字龍右旁象龍昇天之形，左旁下部從肉（肉食動物），左旁上部是童省做聲符，叫作童省聲。鼉魚叫聲tóng tóng（童童）。龍亦"其名自呼"，可旁證遠古所謂龍者鼉也。龍簡成龙，就成了尤字加一撇。尤是鼬的古寫。金文尤突出其大尾巴。龙尤相似，衹多生一根毛而已。愛國主義圖騰與偷雞的黃鼠狼差不多，豈不褻瀆聖物。若加生兩根毛，龙又變成尨。尨máng者多毛的大型犬如藏獒之類也。龍的位置在鼬和獒之間，如此尷尬。

篆文豕

篆文龍

篆文尤　金文尤

零一九·兒被砍頭孫失繫

儿　兒
簡字　正字

兒字簡成儿字。《説文解字》有此儿字，音仍，説是人字古寫。查金文和甲骨文，未發現人字有這樣古寫的。查篆文才知曉儿應該是兒的簡字，可見兒簡成儿，於古有據。雖然有據，但是我仍不贊成兒簡成儿，因為這個儿破壞了所象之形，為了書寫方便，竟把兒頭砍了。看篆文兒，頭頂囟門未合，留一凹缺，臉上有眉有眼，省去口鼻耳朵，翹着小臀，在牀上爬。如此可愛，哪個狠人砍得下這一刀。古人造此兒字，懷有慈愛之心，見於筆劃。文字是帶着感情的，有異於冷冰冰的符號，不可隨便動刀。

篆文兒　金文兒

孙　孫
簡字　正字

孫字簡成孙字。正字孫從子從系。從子好懂，子是小孩。從系，由子到孫，構成系列。這樣解説孫之所以從系，固然可以。奈何金文和甲骨文並不從系，祇是一條繩子而已。可以推測最初造字尚未想到構成系列，孫的金文和甲骨文還得另作解説。從頭説吧。古代兒童成活率低，當父母的把小孩拉扯大頗不容易，正是所謂"提攜捧負，畏其不壽"

篆文　金文　甲骨文

（引文見李華《弔古戰場文》）。負，背負。捧，手抱。攜，大手牽小手。提，用手拉扯着。怎樣拉扯？一條柔軟的繩子圍繫小孩的上身，父母在背後拉扯着，教其學習走路。孫的金文和甲骨文，子旁一條糾合成的繩子。怕你看不明白，所以還畫了繩頭呢。這條繩子到篆文加一撇變成系。系即繫，仍是軟繩圍繫上身教走路也。這與金文和甲骨文意思相同，皆未想到什麼系列。

古人壽短，能活到五十歲都不錯了。許多人等不到子生子而早逝。幸運者能見到子之子學走路，都要眉開眼笑，歎此生無憾了。孫字就是為他們而造的。軟繩繫身，在背後拉扯着的正是他們。可以推測孫字本義祇是學走路的孩提，後來才轉義為"子之子"，也才有了子子孫孫構成系列之説。孫簡成孙，繩頭變成小了，趣旨頓失。

零二零·兇屍消失火災存

凶兇
簡字　正字

兇字簡成凶字。凶兇本來都是正字，各具字義，各有任務，互不相涉。現在來個法官，對兇字說："你去死吧。你留下的工作任務，都移交給凶字去完成吧。"兇字被殺，死得冤屈，當辨識之。先說凶字。凶字之形，陷坑上打個叉，提醒你來不得，有危險。凡諸不吉祥的事物，悉用凶字表之。荒年曰凶年。死訊曰凶聞。喪事曰凶事。喪葬用品曰凶具。喪服曰凶服。情形險惡曰凶氣。兇字之形，從人凶聲。凡諸作惡之人，悉用兇字表之。例如兇殺、兇犯、兇手、兇頑、兇狠、兇殘皆不宜用凶字。行兇用的銳器叫兇器。若作凶器，舊時乃指棺材。可知凶兇各具字義，混淆不得。

尸屍
簡字　正字

屍字簡成尸字。尸屍本來也都是正字，同樣各具字義，各有任務，互不相涉。簡言之，尸是活人，屍乃死屍，很好區別。篆文尸象人倚坐形。

古人祭祀祖先，須指派本家的晚輩少年扮演祖先角色，高坐在上，接受跪拜。角色的扮演者稱之為尸。所以，靜坐不動謂之尸居，當官不治事謂之尸位，領薪不任職謂之尸祿。從尸之字如居、屁、尿、尾、展都就活人而言，非用之於死屍者也。古代典籍所見，尸兼死活二用。後嫌含混，乃造屍字專指死屍。現在為何又開倒車，取消屍字，回到含混？

篆文尸

灾 災

簡字　正字

災字簡成灾字。其實灾災二字古已有之，皆七劃，不存在誰是簡字誰是正字的問題。灾災二字互為異體，如果不允許並存活，必須取消其中一個字，那該取消哪一個字？看了篆文自然明白該存活誰，該取消誰。篆文灾是屋下起火，火災。篆文災既是火災，又兼水災。注意上部從川，因泥石流而被壅斷（一橫表示川被壅斷），在山中形成堰塞湖，蓄瀦洪水，突破湖堤，傾瀉而下，漂沒沿岸屋舍。唉，他們卻把災字取消了，祇留灾字，這才怪呢。

篆文灾　篆文災

第040

零二一・縣區鄉字有道理　　　流沙河

县　縣
簡字　正字

縣字簡成县字。正字縣左旁是首字倒置，右旁系是一繩掛系。左右組合，即象掛系頭顱示眾之意。古代刑法殘酷，殺頭之後，還要"懸首國門"，以儆效尤。縣字用指地方政府，僅取其一線牽系之意。秦漢制度，縣系於郡，郡對縣維持着一線牽系的領導權。天下三十六郡，郡各以一線牽的方式轄若干縣。被一線牽系着，所以稱呼地方政府曰縣。縣簡成县，祇剩倒首，失去掛繩，便取消了一線牽系之意。如果有學童問："砍個腦袋倒放在那裏，就叫县嗎？"老師就難當了。

区　區
簡字　正字

區字簡成区字。正字區要從右方看進去，象廚櫃裏放置多隻尺寸規格相同的碗。盤和盤放在一起，缽和缽放在一起，大碗和大碗放在一起，小碗和小碗放在一起，碟和碟放在一起，各有各的放處，不能混放。這樣就象出了分區的意思。按照

《说文解字》，區字從匚，匚讀若方。所謂讀若即"視之為"。匚可以視之為方字，其字義為方格空間，其字音與方同。從匚之字有匡、匠、匱、匣、匪，皆方形容器。方格空間內放三隻相同的碗，三表示多，口是碗口，這就是區。區簡成区，不講道理。乂是毋字古寫，警示人"這裏來不得"。逆時針轉90°即成凶字，險哉！

乡 鄉
簡字　正字

鄉字簡成乡字。正字鄉要看甲骨文才明白，字從二人對坐，皀聲。皀 xiang 象高腳碗盛熟食之形，純粹作聲符，不參與字義。鄉字義為相對而坐。古代縣與鄰縣之間，皆通馬路。路途迢遥，其間必有鄉場。舊時蜀中所謂鄉場，最初祇是馬路兩邊，柳陰之下，兩家小店相對而居。歷經百年，漸漸形成一條短街，馬路夾在中間，左右兩邊開設飯館、麵館、茶館、旅館等等。仍然兩兩相對而居，正如甲骨文的二人對坐，所以取名曰鄉，設鄉政府，轄若干村。鄉簡成乡，一人獨坐，便喪失了鄉字相對而居之義。簡字乡講不出道理來。

篆文　甲骨文

零二二· 農有海蜃未有刀

農字簡成农字。正字農從辰從曲，義指農作。辰象海蜃之形，是一種大蚌蛤，三角形。甲骨文辰，蛤肉伸出殼外，正在爬行。長即蛋，是後人添加的。先民捕海蜃，取其堅硬厚實的殼，磨製蜃鐮，翻土用之，磨製蜃鐮，割禾用之。農字從辰亦即從蜃，以此。不僅此也，先民還把四顆直排的星取名偉大海蜃（大辰），因為每年黃河流域春耕開始，家家農夫黎明早起，扛着犁頭走出窰洞，總是看見這四顆星出現在正南方的低空，向他們眨眼睛打招呼，彷彿有約似的。當初造此農字，老把海蜃拿來放在做基座，亦以此。至於農字曲頭，則是因為篆文曲象蠶箔之形。蠶箔又叫蠶簾，用葦或竹編成薄蓆，可以收捲起來，蠶寶寶就養在展開的蠶箔上。《莊子》書中編織葦蓆就叫"編曲"。家家農婦莫不養蠶，所以農字甲蠶箔做作頭部。農以春耕夏耘秋收冬藏為主，也包括蠶桑事，男女皆參與也。農簡成农，致使文字之豐富內涵逐被模糊，被遺忘，被陰消。

篆文辰　　甲骨文辰　　篆文曲　　金文曲

流沙河

耒　耒
简字　正字

耒字简成耒字。都是六劃，看似未簡，實則簡了。人不知，鬼不覺，悄悄簡了。正字耒第一筆從右上向左下一斜撇，他嫌煩瑣，簡作一橫，好與其下兩橫一致，便於書寫，或許可以節約時間零點一秒。妙哉，妙哉。他不知道耒字的第一筆為什麼非要斜撇不可，所以就簡寫成一橫了。這裏還得詳說耒字。古稱耒耜 lěisì，手耕農具。耒是木柄，火燒柄端彎曲，插入鐵鏟受孔，築緊，便成一具耒耜（帶受孔的鐵鏟曰耜）。耒耜可以說是現代洋鐵鏟的祖宗，構造原理，使用方法，基本相同。所謂手耕，不用牛拉犁鏵（那時尚未發明牛耕），而用雙手握持木柄，奮力踏蹬鐵鏟，深入田土，然後向內搬動木柄，翻起土塊。由於槓桿作用，這樣也還省力。看篆文耒，從丰從木。木即木柄。丰指即今之契字，義為用刀刻劃符號，轉指刀具（鐵鏟也可視之為廣義的刀具）。甲骨文耒象耒耜形，上柄下鏟。篆文耒則不象形而象意。三斜撇是竹片上的刻痕，中間一直線表示刀剖開。雙方各拿半片，謂之契等。以後合攏，謂之符合，就是合同。三斜撇表示刀具之存在。今日寫耒字，保留一斜撇，表示有鏟刀在此，所以不能簡成一橫。

篆文耒　甲骨文耒

零二三・饞蟲吐絲日下看

流沙河

蚕 簡字　**蠶** 正字

蠶字簡成蚕字。顯然是嫌筆劃太繁，不便書寫，所以簡成天虫。天蟲者天賜之蟲也，吐絲以衣百姓，是天之愛民也。正字蠶從䖵 Kūn，字義指各種。䖵是比蟲。昆蟲小而多，故二虫。䖵是形符，朁是聲符。蠶屬於常見的形聲字。祇要記住聲符在上，形符在下，書寫亦便。篆文朁字從曰，是所謂語詞。語詞皆無實義。在文言，朁相當於曾。蘇軾《後赤壁賦》："曾日月之幾何，而江山不可復識矣。"在白話，朁相當於怎，亦無實義。但是更早的些金文朁，請仔細看，不從曰而從甘。甘象享用美食，

朁 篆文朁　**朁** 金文朁

咀嚼。甘上二人大張其嘴，很能吃的樣子。以其讀音追查，我看朁就是最初的饞字。蠶字分解開來就成朁䖵，亦即饞蟲。童年養蠶寶寶，親見此蟲饞相，兒童日夜嚙桑不停，供葉為難。猜想古蜀蠶叢氏族把野生的蜀蟲捉來馴養，經若干代育種試驗，終於育成家蟲，那時就命名為朁蟲了。氏族取名蠶叢，亦即朁蟲。朁䖵合寫便得蠶字。字義取其吃相之饞。所以聲符朁也參與字義。用術語說便是："蠶從䖵從朁，朁，饞也。朁亦聲。"蠶簡成蚕，掌故盡失，太可惜了。

中國作家協會四川分會

絲字簡成丝字。正字絲象兩束絲形。自古以來成品絲交易以兩束為一件。從甲骨文到正字，三千五百年，絲字仍不變，難得。甲骨文絲兩端顯示束紮，少年時我所見成品絲正如此。蠶絲中華首創，臺北故宮藏有二十世紀在安陽出土的八千年前的半個家蠶繭可以作證。據說歐洲人初來廣州時，指絲束問："這叫何名？"農婦不屑隨口答曰："絲喱嘅。"此後英語遂有單詞silk（絲）。絲字形態美，具歷史內涵，不宜簡化。簡字丝看起來總覺得有缺筆，底下一橫亦無道理。絲既然簡成丝，從絲的顯字就該簡成顯，却又偏偏簡成显，這不是在難人嗎。

丝 簡字　絲 正字

篆文絲　甲骨文絲

正字顯從頁（頭部）從㬎 xiǎn，㬎亦聲，義指婦女頭上的妝飾品。蜀語笑人炫耀曰顯擺，以此。㬎字從日，義為太陽光下視絲，微秒顯現。不止凸透鏡，陽光也能顯微。老婦穿針去陽光下。我剪腳趾甲亦去陽光下。多有趣的一個顯字，被那無趣之人，唉，簡成显字。日業為显，請問怎講？

显 簡字　顯 正字

零二四・臉面可食 天降麥

流沙河

面 簡字　**麵** 正字

麵字簡成面字。正字麵從麥（麵粉是麥磨的）面聲。面祇是聲符，拿去頂替麵，不如乾脆寫成mian好了，何必用漢字面。此時他大笑說："簡化是過渡，目的正是要廢除漢字！"我聞之而心寒，不願同他爭論。且回頭說字吧。麵本作䴬，從麥丏聲。丏mian字義為沒見。沒見二音拼成丏。麥磨成粉，顆粒太細，細到目力極限，單顆獨粒不能分辨，以至"沒見"，所以稱之為丏，寫成字就是䴬。後人嫌丏字易誤寫成丐，乃以面代替丏作聲符。這樣一來，麵遂成了正字。麵簡成面，成都街上小館子賣雜醬面、素椒面、炒面、拉面、蕎麥面，正大光明寫成面字。難怪有些人不要臉，臉面都賣掉了。哈，這才想起面是正字，怎能隨便拉去充當簡字。甲骨文面畫面部形，一隻眼睛代表目鼻口耳眉額顬額。篆文改進，方臉一鼻（自即是鼻），鼻上有額。額又名顏，名顙，名題。

篆文面　甲骨文面

正字面從篆文演變來，仍能看出方臉一鼻，鼻上有額。古人男女臉上時興搽粉，多用米粉。小麥普及後，顆粒比米細，改用麵粉。麵粉可供搽面之用，所以也叫面粉。

麥字簡成麦字。正字麥從來從倒止（趾）。來字象麥株形，下部是根，中部是葉，上部一短橫，指示此處是麥穗之所在。來字既已象了麥株之形，下面又加一個倒置的止（趾），是何意思？按照周民族的傳說，周朝奪得天下之前，至少前五百年，周人的老祖宗名叫后稷，率其氏族生息在今甘肅南部，務農。有一種名叫"來"的穀物籽粒自天而降，后稷加以培植，選育種，終於成功，普遍種植。這種穀物名來，後改名麥。因為自天而降，所以名詞的來作動詞用變成到來。又在來下加個倒止（趾），表示自天而降，就成麥字。小麥從中亞傳入中國，壯大了周民族，強健了中國人。麥字有其歷史內涵，請求不要簡化。同樣道理，來字也勿簡化。麥來二字同指一物，讀音為啥不同？答曰：上古有複輔音，這種外來穀物之名，口語叫mailai。後分化成兩音，遂有麥mai來lai之異。順便點醒，所謂嘉穀天降，愚以為是龍捲風吹來的，如古之"天雨粟"。

零二五·類而無犬有入顱

流沙河

种 種
簡字　正字

種字簡成种字。他不知或裝着不知這個种早就是正字了。《水滸》魯達鬧着要到延安府去找老种經畧相公种世衡，還有個小种經畧相公种諤。兩位都是北宋名將，見於正史，姓种chóng，不是種字簡化。這個种作為正字，除了作姓用，還有農學上的應用。《詩經·豳風·七月》"黍稷重穋"重是借字。本字應該作种chóng。黍稷有早熟品種，有晚熟品種，水稻亦有早稻晚稻之分。早熟稱穋，晚熟稱种。种chóng本農學專業術語，應受尊重，不應拉去充當簡字。

类 類
簡字　正字

類字簡成类字。正字類最初是米旁右頁，米下無犬，字義不涉犬類。米旁右頁是說小米面貌彼此相似。所以《說文解字》："類，難曉也。從頁米。"頁象人頭面形，用來比喻小米。小米lèi顆粒微小，彼此面貌正像小米我們彼此相似很難分曉。類字義為相似。犬與犬者同種，成了類字。彼此相似便會形成種類概念。學犬字擠入類字，字。有了類字，便生出種類、類似、同類、異類等等詞組。簡成类字，米大為类，既不通，又無趣。

流沙河

中國作家協會四川分會

頁 頁
簡字 正字

頁字簡成页字。千年前行書字已作页，但楷書仍作頁。頁字這樣寫是從篆文繼承的，有根據的，合傳統的。千年來正式文書皆用正字頁，不用簡字页，以維持文化的嚴肅儀容。正式文書之外，寫文稿，作日記，亮書法，通信函，行草隨你自由。入民國後，印刷普及，皆用正字。三年五百年前甲骨文頁放大人的頭面，讓你知曉頁指頭面，從而領會字義。古代殷人這樣表現人的頭面，使我深感意外。觀其藝術趣味，詭異神祕，引人猜想他要告訴我們什麼。周朝金文，秦朝篆文，一路演變到正字頁，其間

篆文　金文　甲骨文

細節皆可一一指認。簡成页，致使肩頭和臂膊縮入顱腔內，讓人惶恐不安。若作行書，簡字页可以寫得好看。印在書上，便不好看。

头 頭
簡字 正字

頭字若照上例，應簡成頔，他卻自破其例而簡成头。千年前草書字已作头。學童不懂，以為斗字多一筆便是头。正字頭從頁豆聲。頁指頭面，頭指頭顱，字義各有著重，並不等同。頁重在面，所以書籍翻開，一面叫作一頁。頭重在顱，所以顱腔不能叫作頁腔。

零二六·鄉愿有福鳥顧人

流沙河

愿字簡成願字。自來愿願二字各立門戶，音同義異，皆是正字。愿字義為謙和謹慎。謙和謹慎出自性情，所以愿字從心原聲。願字義為樂意，盼望，而見之於臉上表情，所以從頁（頭面）原聲。《說文解字》："愿，謹也。"謹慎沒有什麼不好，愿字本來不含貶面意義。儒家從孔到孟都罵鄉愿。當時愿字尚未造出，故稱鄉原。後造愿字，改稱鄉愿。所謂鄉愿，乃指那些見識淺陋的鄉曲之士，不敢主持公道，八面玲瓏，貌似忠厚，博得謙和謹慎之名。他們雖不作惡，但助長惡，所以受到先秦儒家聖賢的譴責。現今叫願退休，由愿接班，等於給鄉愿平了反。仰天一歎。

顧字簡成顾字。又是行書，不可取也。正字顧從頁（轉動頭面）从雇，雇亦聲。義為轉目逵視。雇在甲骨文畫一隻短尾鳥（隹）飛到門上，似乎是來顧視我們的。先民天真，這樣解釋候鳥的行為，多麼富有詩意。遇上個文字學的外行，為人又無趣，趕走來顧視的候鳥，改成從厄。是說厄運到了？

甲骨文雇

忧 憂
簡字 正字

憂字簡成忧字。簡字忧從心（豎心）尤聲。尤在此是純聲符，不參與字義。尤字象魷形，孳生義為過錯，不涉人之憂愁。就怕將來有人解說：" 黃鼠狼起歹心謂之忧。" 憂字不宜簡成忧字。但是，憂字也非無可挑剔。按照《説文解字》，憂字上頁中心組成悥字，表示愁自心生，見於顏面，已足夠了。其下再加兩足之間有所阻滯，組成憂字，字義乃指步行緩慢。憂愁憂傷憂患都該使用悥字。奈何悥字被人棄置不用，都用憂字，用慣了，改不了。所以我們明知不對，祇好將就，繼續讓憂作忧的正體字，不要簡它。

篆文　yōu

這類久錯轉正之例，再舉一個。思字看篆文，下部心象心形，上部囟xìn象小兒腦頂骨未合攏之形，用腦門囟代表大腦。吾人思考，由心而腦，本應寫成從心從囟，寫成悤字。當初筆劃有誤，錯成思字。思想與田無涉，講不通。久錯轉正，將就吧。

思 悤
錯字 正字

篆文思

零二七·腦凶髮長請理髮

流沙河
中國作家協會四川分會

脑 簡字　**腦** 正字

腦字簡成脑字。怪就怪在瑪瑙的瑙他又不簡，維持原狀。又不告訴我們為什麼正字腦非簡不可。簡字脑為什麼囟天靈蓋下一個凶險的凶，我們也猜不出。人體部位器官之字多數從月（肉），例如腿臂腰胸腹背肝胃肺腸。趁著簡字運動，一律改成從月，霸道。正字腦講道理。右上是頭髮，讓人明白腦部在髮下。右下是腦門囟，篆文象形。看小孩腦門囟，瓜子形，皮膚亚在跳動。打個叉警告，這裏傷不起。造字者用小小一囟門代表大大一腦瓜，這叫局部代表整體。左旁的月（肉），篆文象豬腿形。這又是局部代表整體，以豬後腿概括肉類和肉體。正字腦一講解就懂得，留着的好。

篆文囟　　篆文肉

长 簡字　**長** 正字

長字簡成长字。看甲骨文明白是指那人的頭髮長，知應讀cháng音，不讀長官的長。細想也是，吾人身體各部，除腹腔內腸子看不見而外，實以頭髮最長。古人蓄

兩個金文　　兩個甲骨文

髮，有過膝者。甲骨文有拄杖的，暗示老叟之髮尤其長。正字長更容易看出和金文甲骨文的傳承關係，字形又完整受看，無簡字之殘破感。簡字发從草書來，要不得。

发 髮
簡字 正字

髮字簡成发字。正字髮不要怕筆劃繁，拆開看，上形符，下聲符，也簡明。上形符者，左是長字右三撇，意指長髮。下聲符者，犮ba是髮的聲符。髮與拔茇胈骸鲅跋一樣，都以犮為聲符。犮祇注音，不與字義。上下結構拆開講，便是學童也懂了，就好寫了。再說聲符犮字。先寫一個犬，加上一鉤撇，便是犮字。犮字象意，犬尾被夾住了。意指進退不得，徒自奮爬，不能行，形容困窘狼狽。犮字意義如此不佳，他却拿去改造成簡字，未免糊塗。又讓這個簡字身兼二任，同時取代發明的發，發展的發，發生的發，發怒的發，百發百中的發，發財的發，堪稱雙料糊塗。

篆文犮　篆文犬　甲骨文犬

发 發
簡字 正字

發字簡成发字。當今傾慕正字，乃有程十發、李企發、張髮奎以及全國城鎮街上開的理發店。悲哉，回不去了。

零二八·鬍鬚有毛腫則重

流沙河

须(簡字) **鬚**(正字)

鬚字簡作须字。正字鬚也是形符在上方，聲符在下方。鬚髮二字上方的形符相同。同中有異者，右上角那三撇，在髮字指頭髮，在鬚字指面鬚，三者形同而所指不同。正字鬚下方的聲符是須。舊時須字義為必須。其實須鬚為古今字。《說文解字》："須，頤下毛也。"亦即面鬚。須字從頁從三撇，頁為頭面，三撇象鬚毛形。須字已具面鬚之義，後來又造鬚字，實屬多事。古代男子看重面鬚，非有面鬚不可，所以須字孳生出必須義。我看須字可以視為另一正字，與鬚並行。甚或廢了鬚，而以須代之，我都贊成。簡字须要不得，病在右旁的页，前已談論過了。

須(另一正字)

胡(簡字) **鬍**(正字)

鬍字簡成胡字。不應該這樣簡的理由，胡字義指牛頸下至頸部的肉垂，為牛體所特有的器官，不宜兼指人類的鬍子。簡字胡不應該取代鬍。何況胡字他又妄改所從之月(肉)，換成日月之月，致使不通。胡字從月(肉)古聲。鬍子寫成胡子，讓人變牛？何況秦漢以來北方民族稱胡，胡子一詞更易誤解。理應恢復鬍子之鬍。

胁　脅
簡字　正字

脅字簡成胁字。正字脅從月(肉)，劦xié是聲符。劦字義為多人用力，從旁協助。《說文解字》："脅，兩膀也。"指左右兩旁的附肋肉，蜀人叫包肋肉。位居左右兩旁，所以稱膀。字或作膀，注意音páng，不是膀子的膀bǎng。看正字脅，劦是聲符，但也參與字義，表示左右的附肋肉從旁協助,保衛胸腔。簡字胁，月(肉)成月，三力成办。而办又是辦的簡字。這樣就會人生拉活扯同辦事又攀上關係，以至夾纏說不清，自找麻煩。

肿　腫
簡字　正字

腫字簡成肿字。正字腫從月(肉)，重是聲符，但也參與字義。看下面金文重三個字，第一個象人背負著一隻兩端束紧的大口袋，暗示負荷很重。第二個象那人甘脆陷身口袋内，脚下蹈土。人脚踏土表示停留原地，走不動了，其重可知。古人營養差，患腿脛水腫，步行遲重，所以造出腫字如此。簡字月中為肿，一年該肿十二次吧。

重　重　重　須
篆文重　三個金文重

零二九·見被籠頭貝砸殼

见
簡字

見
正字

見
篆文

見字簡成见字。舊時行書寫成见。書法藝術，可以這樣。通用正字，還須作見。為啥必須作見，不能通融一下，姑且作见？答曰：姑且不得，因為正字見是從篆文見來的。看篆文見，從儿從目。嬰兒不眨眼，癡癡盯着你，這便是見。目是眼睛，本該橫置，為字形的美觀，這裏便豎置了。見簡成见，就成口袋從人頭上籠罩下來，啥都看不見了，還成其為見哉？見簡成口袋籠罩人頭以後，從見諸字規覺視覘覎靚觀等等都簡成规觉视觇觋靓观了，正是牽連受禍。其間還有禍不單行的，如觀簡成观，覬簡成觊，覺簡成觉，覽簡成览，左右上下同時受禍。更有不簡，乾脆砍掉完事的。親，援例應簡作亲見。他却砍掉右旁，作亲。這就叫"亲不見"。也不想想，此亲字從木從辛省，辛象雕刀之形，彫刀刻木，乃是鋟版的鋟字之古寫。還有正字艦，從舟監聲，嫌筆劃繁，以见換監，簡成舰字。艦，援例應簡作舰。自壞體例作舰，太隨意了。再說說親，這個正字從見亲聲。從見，字義為親自目睹，身到現場，所謂的零距離，故稱父母兄弟姐妹為親。

贝　　貝
簡字　正字

貝字簡成贝字。正字貝是從篆文貝繼承來的。篆文貝又上溯到金文，到甲骨文。其間演變歷程，由漸變而突變，一脈相承，如目睹我先民之腳印，令人悠然暇想，心懷敬意。史前野蠻時代，黃河下游瀕海地區，先民各個部落之間，以物易物，互通有無。其後交易日趨頻繁，乃用海產齒貝作為媒介，使交易更方便，不必直接以物易物。交易發達，記賬需要，文字生焉。文字記賬的同時也

貝　　貝　　貝
篆文　金文　甲骨文

記事，由此躍入文明時代。齒貝又稱貨貝，或稱寶貝，俗名叫海蚆子。從貝之字甚多，皆與社會經濟活動有涉。貝簡成贝，這些字都得動手術。

　正字貝中間兩短橫，看古文字，源於貝殼腹面的齒狀缺口。後以變形走樣，已不像齒缺了。不妨視為象齒貝背面的紋理，所以正字貝也算是象形。簡字贝無背殼，觸腳以上暴露可視，是背殼砸掉了？圖個書寫方便而已，實在講不出什麼道理來。

零三〇·開關無門門口鬧

流沙河

門字簡成门字。寫個簡字门，却看不見門扇在哪裏，實是無理。門字本義是指門扇，非門框也。簡字门象門框之形，而門框不是門，却要學童相信這就是門，豈不荒謬。看篆文和金文，那是雙扇門，門扇向內開。較之金文，篆文門拉長了樞軸的下端，那是藝術誇張。正字門承襲了篆文門，堂堂正正。簡字门却從行書來，來路不正，不可取也。堂堂正正的門，被他拆掉門扇之後，已經够笑人了。許多從門之字，由於門簡作门，也跟着鬧笑話。先看簡字门Shuān，蜀人叫門杠，橫揷在雙扇的背後，門就推不開了。現今門扇既拆掉了，橫揷一杠在空框中起啥作用？又看開關二字，按倒是要簡成开關二字的了。哪知他又自壞其例，執必開簡字门，竟簡成开关二字。門都不見了，去開關什麼？再看古文開，舉起雙手取下橫杠，正象開門之意，明明白白。又看篆文關字，從門絲聲，是形聲字，也够明白。關簡成关，不知古有关字音Sōng，是送字的聲符。把关Sōng拿去充當關的簡字，將置送字於何地耶？

鬧字簡成闹字。問過文友，簡字闹還原成正字，該怎樣寫。文友寫成門內一個市，大錯。文友學習努力，知識廣涉，渾不知正字鬧不從門而從鬥。不能責怪他，他進小學時鬧已簡成闹。悲哉，正字是家園，幾代人都找不到回家的路了。原來鬧字的意思是市場砍價，互鬥口舌，所謂商戰，並非門前買賣，市場熱鬧。正字鬧從市從鬥，正是買賣雙方口舌互鬥。看這鬥字的甲骨文，兩人互相動手打架，而篆文走了樣，已不像鬥毆了。這樣生動有趣的正字鬥被簡成量米的斗字，太無理了。

闹 簡字　鬧 正字

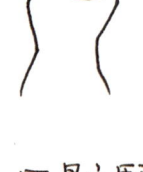

篆文鬥　甲骨文鬥

更有可駭異者，正字鬫被簡成阋字，讓人誤解為小兒門口站，不知鬫字的意思是小兒愛打架，所謂"兄弟鬫於牆"。同樣，內鬨的鬨，從鬥共聲，義為混戰。好好的一個字想廢出便廢出，用欺哄的哄字頂替之。《孟子》書上"鄒與魯鬨"被迫改成"鄒與魯哄"。哈，兩團互相欺騙嗎？

阋 簡字　鬫 正字

零三一・余非多餘 喂非餵

流沙河

餘字簡成余字。正字餘從食余聲，指食物之剩餘。泛化其義，一切超額而續存者皆可曰餘，例如冬者歲之餘，夜者日之餘，詞者詩之餘。正字餘不應該用余字去頂替。余本身是正字，甲骨文早已有。余字是象形字，象犰狳形，是狳字的古寫。有鑒於余字被借用作第一人稱，所以又造狳字以專指穿山甲（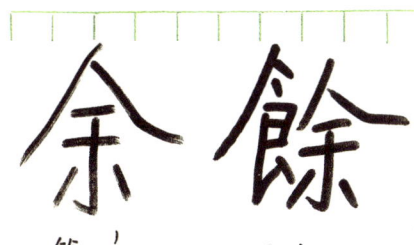犰狳）。篆文余，銳其頭，好鑽洞，前腳後腳長尾，一一可以指認。順便說一句，第一人稱之字，古人不造，皆是借來用的。我，遠鈀。吾，唔。予，杼■■■。余，犰狳qiúyú。余又作姓用。古有由余氏，蓋以犰狳作為氏族圖騰者也。後分為由姓和余姓。

作為偏旁食字簡成亻字。不應該這樣簡。應該看看古文字。甲骨文食，上部三角形似A，是一張大嘴，下部高腳碗盛美食，堆成尖。金文漸變。篆文大嘴變屋棚，高腳變匕匙，尚有脈絡可尋。偏旁簡字之亻，就像暴力革命，完全弄爛。說來自草書，也有道理嗎？草書固然也有道理，但是不該闖入正字，好比機動車不該闖入人行道。

喂 餵
簡字　正字

餵字簡成喂字。今人接聽手機：「喂，誰呀？」招呼熟人：「喂，哪裏去呀？」日數十次用此喂字。喂本身是正字，為驚歎詞，卻又兼差做了餵奶的餵之簡化字。英文單詞上百萬個，別人都不嫌多。我們常用六千，卻嫌字多了，要把餵字斃了，叫一個驚歎詞去兼差，弄不清楚他是怎樣想的。

饯 餞
簡字　正字

餞字簡成饯字。正字餞從食戔聲，義為送行。戔聲諸字，淺是小水，箋是小竹片，盞是小杯器，殘是砍碎，錢是小鍬，可知餞本義為小飲也。戔字二戈，重複，一砍再砍，焉得不碎。戔是餞的聲符，但也參與字義，怎能隨便簡化。同樣，饞字右旁是聲符，義指野兔，不能隨便簡成傻字。右旁兔字下面兩點，讀不出chán聲來。

飨 饗
簡字　正字

饗字簡成飨字。正字饗從食鄉聲，義為鄉人聚宴。鄉字不應該簡成乡字，道理我講過了。所以簡字飨是一錯再錯。同樣，厭字不應該簡成厌字，所以饜字簡成餍字也跟着錯了。

零三二· 一山南北分陰陽

流沙河

阳 **陽**
简字　正字

陽字簡成阳字。陽是一個地理概念，山南曰陽。正字陽左旁俗謂之包耳，實乃阜字。阜是山坡。古無坡字，祇有阜字。阜與坡古音同，阜即坡也。如果一山東西走向，山的南坡便是陽。這個地理概念，華南人生活在低緯度，缺乏感受，印象淡薄。北半球高緯度地帶，例如黃河流域居民，文盲都懂山南為陽。在那裏看太陽，常常是東南方昇起，劃過南方低空，到西南方降落。太陽在天空的視軌跡決定了山的南坡日照多，草木茂盛。相反，山的北坡日照少，植被稀疏，所以山北曰陰。看古文字，甲

篆文陽　兩個金文陽　甲骨陽

骨文陽，左旁階梯暗示山坡，正對日照，右旁太陽地平線上昇起，地上光輝由遠而近。左右組合成陽，說的就是山南為陽。拿掉左旁的阜（山坡），祇剩右旁，就是專指陽氣的昜。地上的三撇乃氣字的古寫气。夏日平原，地上空氣受熱，遠望氣流波動，《莊子》謂之野馬，即陽氣也。從金文到篆

氣　气
正字　古寫·今簡字　篆文气　甲骨文气

文，直到正字陽，一脈相承。其左旁之山坡階梯漸變成阜，寫成包耳。陽簡成阳，原有地上光輝消失，陽氣也不見了，顯然造成涵義損失，這樣不好。

阴　陰
簡字　正字

陰字簡成阴字。陰也是個地理概念，山北曰陰。正字陰左旁同樣是從阜（包耳）。東西走向的山，山的北坡便是陰。黃河流域造屋宅，修園苑，立衙署，築宮殿，建城市，首先就要"相其陰陽"，所以地名多有某陰某陽。陰陽概念不僅用於山，而且用於河。如果一河西流向東，河的北岸便是陽。由於南北兩岸都是斜坡，所以北岸較之南岸更有利於接受日照，北岸就為陽，南岸就為陰。正字陰簡成阴，大不通，因為地理上的陰與月亮無涉。這樣簡，誤導人。陰字拿掉左旁的阜（山坡），祇剩右旁，就是專指陰氣的侌。侌字從云今聲。

雲就屬於陰氣。云是雲的古寫。早在甲骨文就這樣寫了。

雲　云　ㄡ
正字　古寫・今簡字　甲骨文云

象雲朵之形。正字雲反而是後造的。宇宙中除陰陽二氣外，還有風氣、雨氣、晦氣、明氣，合起來稱六氣，見《莊子・逍遙遊》。

零三三．寸日尺旦怎樣講

时（簡字） 時（正字）

時字簡成时字。正字時從日寺聲，義指此日，這天，當下，現今。時字古文作旹。上之下日，仍是此日。時簡成时，不如簡成古文旹字。因為旹字拆成之日，很容易講清楚，而簡字时誰也說不清楚寸日是啥意思。寸字篆文是右手寸口穴位處加一點，與時日不相干。

晓（簡字） 曉（正字）

曉字簡成晓字。正字曉從日堯聲，義為天明，引申義為明瞭。由於堯字簡成尧字，曉字也受牽連被簡了。請先說這堯字，上面三土疊成垚yáo，字義為高，作聲符用，下面一人，頭戴平天之冠，會不會是遠古傳說的帝堯呢？簡字尧，上面戈字缺一點，根本不是字。聲符被簡掉，讀不出音來，字形又難看。國人名堯名曉者多得很，莫不受損害。帝堯仁慈，在天之靈也會鬱悶。

堯 篆堯

旷（簡字） 曠（正字）

曠字簡成旷字。又是牽連被簡。廣字義指宮中大殿，黃聲。廣字從广ān，象廊屋形。廣字簡成广字，失去黃聲，就該音ān。廣州簡寫成广州，就該讀成ān州，曠野也該說成ān野才對。製造混亂啊。

旸　暘
簡字　正字

暘字簡成旸字。正字暘從日易聲，義指晴天。由於易簡成㐆，用㐆做聲符的字莫不受牽連，跟着受損害。諸如錫锡、楊杨、湯汤、煬炀、場场、瑒玚、腸肠、瘍疡、餳饧、鶑鹯、殤殇，皆是。其中唯有傷字破例，簡成伤了。為何唯此破例，上頭不給解釋。

昼　晝
簡字　正字

晝字簡成昼字。尺旦為昼，正如寸日為时，俱不可解。正字晝從聿從旦。旦是日出地平線上，白天就叫晝。晝字最早見於籀文。籀文晝從日（白天）週聲，是形聲字。你看右手握聿（筆）在畫圓週，此即圓週之週字，作聲符用。後來金文省掉圓週。到了篆文，妄添筆劃出錯，害得《說文解字》錯解晝字，說從畫省，勉強牽合其說，難以服人。

金文晝　　籀文晝

升　昇
簡字　正字

昇字簡成升字。不考慮升字早就有，指量米的方形量器。十合為一升。十升為一斗。正字昇從日升聲，指太陽昇。擴其義用於昇學、昇旗、昇天。以升代昇，製造混亂，禍延子孫。

零三四・歷曆借力劉二星

中國作家協會四川分會　流沙河

历　歷　曆
簡字　正字　正字

日曆的曆字和歷史的歷字都簡成历字。曆字从日，表示年月日，从秝lì，象禾稼一排排排成行（以利通風透光）。年月日順次排列而成曆。曆，陰曆陽曆曆書曆法用之。細心人問："秝為何從厂？"答：問得好。厂象崖岸形，禾稼不會長在崖岸之下。看甲骨文乃知，秝字從入，金文篆文錯了。從入，排列成行，人可入，風可入，光可入。而歷字則從止，止象左腳形，表示履歷經歷。人類

秝　秝　秝
篆文　金文　甲骨文

經歷許多事，順次排列而成史，謂之歷史。歷史者經歷之事也。正在發生的叫事，以後寫出來叫史。甲骨文事和史最初是同一個字。曆和歷是兩個不同的概念，各有各的涵義，被行政命令合併成簡字历，使概念含混，給子孫添亂。將來若出版一部《夏历史》，讀者不明白此書說的是夏朝的歷史呢，或是夏曆即農曆的歷史。尤可哂者，簡字历不可解。歷史和曆法與力量有什麼關係呢？他回答不了。順便說力字，甲骨文和金文象右臂形。力本無形可象，乃畫右臂，暗示氣力藏在裏面。

参 簡字　參 正字

参字簡成参字。正字參 shēn 是為白虎七宿的參宿三星專造的。參字上部三個小三角形，象的正是參宿三星之形。參宿三星，在希臘羅馬神話裏是獵戶座 Orion 的腰帶三星，冬夜高照天空。《詩經·唐風·綢繆》："綢繆束薪，三星在天。今夕何夕，見此良人。"正是這三顆密排的亮星，為人間作婚姻見證，古代婦孺皆識。金文參，三星在天，一人跪拜。人頭上非枝架，是生字，作聲符。篆文參，上非晶，乃三星，人在下。三撇卽三字，作聲符。簡字参祇剩下一顆星，字義遂難溯源，民俗事象隨之隱沒，星空之下不再有故事了。他會說："又不是GDP，算什麼損失！"

篆文參　金文參

亚 簡字　亞 正字

亞字簡成亚字。也不怕學童問為什麼一业（業）為亚。好吧，不問。但是忍不住我要問，晉字上部明明不是亞字，為什麼要簡成晋呢？看篆文晉，雙箭射到靶牌，從日是說太陽在天空向前進，好比開弓沒有回頭箭。《說文解字》以進釋晉。正字晉尚保留雙箭尾部，簡字晋洗刷得乾乾淨淨。

篆文晉

零三五·風失神話鳥失爪

流沙河

凤　鳳
　簡字　　正字

風字簡成风字。正字風與遠古神話傳說關係密切。舊時蜀人相信,暮春時節,吹大風是由於天上正在過九頭蟲。風字從虫省,由此得到解釋。原來風字是用九頭蟲象徵吹大風,凡聲。凡象船帆之形,凡即帆字古寫,後添巾旁。可知凡是聲符,但也參與字義。帆受風而船前進嘛。九頭蟲又稱九頭鳥。古人認為龍屬鱗蟲,鳥屬羽蟲,龜屬介蟲,人屬裸蟲,獸屬毛蟲。遠古傳說九頭蟲體扁圓,九頭環列,各有双翼鼓動,煽成大風。體扁圓如車輪,所以又稱鬼車鳥,飛停屋上,攝小兒魂,非常可怖。甲骨文風與鳳一個字,都象大鳥奮飛之形。有時候風比鳳多幾點表示雨而已。鳳字從鳥凡聲,風字從蟲凡聲。從鳥從蟲,一回事。看三個甲骨文,有雨點的是風,無雨點的是鳳

兩個甲骨文鳳　　甲骨文風

,但也借作風字用於卜辭。風字涵藏著遠古的傳說,是活化石,不允許砸爛成簡化字。簡字风拆開看,一張几案,一個乂字,荒謬無理。同樣,簡字凤拆開看,不知所云。英文Phoenix(鳳)尚能從字面上追查到腓尼基人的恐懼。比較起來,簡字凤無文化可尋根,就像沒有家譜的暴發戶。

鳥字簡成鸟字。簡字鸟之不通，上瞥便知。一是無腳爪，二是無頸毛。看清楚篆文鳥，線條流暢，形像生動，肯定能引起小孩的美感。又看正字鳥，結構勻稱耐看。再有簡字鸟，給人留下殘缺感，覺得不舒服。小孩識字，同時習成美感，這難道不好嗎。與鳥同義，讀音却大不同，那就是隹zhuī。字典告知你，那指短尾鳥。據字形而言，可以這樣講。具體應用，多見不分長尾短尾。推想當初為羽禽造字時，中原地區就有兩種寫法，讀音互異，爭執不下，祇好鳥隹二字並存。幸哉隹字，筆劃少，未遭簡化。

鸞字簡成鸾字。這是受了戀字簡成恋字的牽連。鸞是鳳類。一說是指雌鳳。與鳳配對，所以名鸞。正如男女相愛曰戀，又如雙胞胎叫孿生。䜌luán象二絲絞成一線，由此孳生出相愛義，又與鳥字合成鸞字，而指雌鳳。可見字從䜌是有意義的，同時又作聲符。被簡成亦，亦篆文象人之左右腋部，亦鳥合成鸾字，莫名其妙。

零三六·是人是馬都去欢

流沙河

鷙字簡成鸷字。上下部雙簡了。上部執簡成执，全不考慮執字左旁之幸zhí究為何物，隨意簡成提手，致使字之本義埋沒不彰，可惜可惜。請細說之。正字執有來頭，其左旁不是幸福的幸，其右旁亦非丸藥的丸。看兩個甲骨文，一人伸出雙手，被一副械具銬住兩腕。此人頸部被繩繫綑，知是囚徒。兩個金文，手腕仍舊銬住，但是械具獨立出來，經篆文而演變成幸zhí。此即今之桎梏的桎。

鸷 簡字　　鷙 正字

執 正字　　篆文　　兩個金文　　兩個甲骨文

執字本義是捕罪人上銬。桎為古代木製腕銬，兩片合攏，卡住手腕，兩端纏綑，遂不得脫。執字組合鳥字成鷙zhí，猛禽也。利爪抓捕小鳥，如銬罪人，故名曰鷙。若不講講古文字學，僅僅認得簡字，你悟不透命名之妙。

观 簡字　　觀 正字

觀字簡成观字。左右旁雙簡了。簡字观從又從見，該怎樣講解？見了一次，又見一次，就叫观嗎？正字觀從見雚聲。雚字見於《詩經·東山》，同鸛一樣，皆是正字。鸛為大型水鳥，築巢塔頂之上和宮殿屋脊之上，看似在城市的絕高處俯視下面的往來人群。古人由此造出觀字，意思是像鸛鳥那樣注視、察看。可見雚既是觀字的聲符，又參與字義。鸛鳥頭頂不長毛角。被誤解為毛角的丫，配上左右二口，乃象鸛鳥之頭部圓目長嘴形。正面看去，真像是在觀察。甲骨文鸛特別給人留下這個印象，請審視之。鸛鳥有時群飛盤旋，大聲齊鳴，謂之鸛陣。由此又造讙字，意思是像鸛鳥那樣快活喊叫。讙又作歡，皆是正字。被簡成欢，無理可講。黔驢技窮了，便拿又字來抵擋一陣，甚可哂也。古人造字，分得細緻。若不是人，而是馬嘯，聽來像在快活喊叫，其字就作驩了。現在不管你是人還是馬，都去欢吧。

鸛雚雚 正字 正字 篆文 甲骨文

讙歡欢 正字 正字 簡字

　　吾蜀都江堰市原名灌縣，取名於灌口鎮。古蜀有柏灌氏立國於此。三星堆青銅器有鸛鳥頭部圓目長嘴圖紋，疑即柏灌氏之圖騰也。柏灌者白鸛也。四十年前灌字曾被簡成浃字，後又恢復灌字。若不恢復，後代子孫便不知曉浃縣與鸛鳥有關係，而古蜀歷史將晦暗難明矣。

零三七·隹遭罘網鳥投羅

鸡 簡字　雞 正字

雞字簡成鸡字。簡字鸡為又鳥，可哂。正字雞從隹奚聲。雞雛成群，奚奚奚奚，叫個不停。古人根據"其名自呼"，名之曰雞。奚在這裏是純聲符，絕不參與字義。我也省事，不去解釋奚為何物。森林原雞被馴化成家禽，已近萬年。三千五百年前古人所書雞字見於卜辭，看甲骨文亦甚有趣。一個象形字，是一隻跳起來打架的公雞，生動簡明，十分傳神。另一個形聲字，與今正字相同。雞字這樣寫了三千五百年啦，絕無害國害民劣跡記錄在案，哪能隨便廢除。

兩個甲骨文雞

离 簡字　離 正字

離字簡成离字。為什麼不可以這樣簡，仍須從頭說起。正字離左旁是臂膀橫伸，手五指省畧成三指，臂腕挾持一具罕網（長柄網），網口偽裝以草，使樹棲之鳥不易察覺。篆文就是如此，請一一指認之。右旁一隹，所謂短尾鳥，即將落網。一隻鳥遇上一具罕網，合成離字，義為遭遇。金文和更早的甲骨文，已是一鳥一罕上下結構

篆文　金文　甲骨文

流沙河
中國作家協會四川分會

。篆文離衹不過改變成左右結構而已。所以,正字離的左旁离就是㾟字,音hǎn而不音lí。絕不可以把离拿去充當正字離的簡字,其故在此。

罗 簡字　**羅** 正字

羅字簡成罗字。注意,羅字上部是网字的簡寫,不是一二三四的四。羅字下部亦非維字,而是絲字和佳字,是並列的兩個字。絲字與上部的网結合,表示此乃細絲織成的網。一隻飛鳥撞入網,頸部被網孔罥掛着,不得脫逃。這種細絲羅網橫攔在林樹間,遠看透明,雀鳥不察,大批被捕。正字羅簡成罗,先民獵禽方式便從漢字裏隱沒了。何況簡字罗之网夕,完全不知所云。

进 簡字　**進** 正字

進字簡成进字。前進的進,走之之上,為何一隹?先民穴居野處,捕獸捉禽,茹毛飲血。他們發現,走獸既能向前跑,又能向後退,唯有飛禽,衹能向前飛,不能向後退着飛。鳥類特性如此,所以甲骨文畫個鳥,鳥下添一隻表示行走的脚印,就成前進的進。金文增加行字左旁,篆文承之。可見進字造字之妙,簡不得。簡成进,向前一跨,落入井中,亦甚好玩。

籬 篆文進　**進** 金文進　**進** 甲骨文進

零三八· 奮翅脫逃沒有鳥

获 獲 穫
簡字　正字　正字

獲穫二字簡作获字。狩獵所得為獲。正字獲，犬旁，蒦聲。犬，獵犬。正字穫，禾旁，蒦聲。禾，禾稼。當初造字，分得清清楚楚。二十世紀五十年代巴金先生倡辦《收穫》，刊名用的正字是穫，非獲。為什麼要用穫？作家認為文學作品堪稱精神糧食，所以刊名應該用穫，不能用獲。簡化令下，掃除廢話，一律用簡字获。偏偏這获字大不通，草下左一犬嫌不夠，右又增加一犬，惹人笑啊。

只 隻
簡字　正字

隻字簡成只字。正字隻從又從隹。又字篆文象右手形。右手持一隹為隻，右手持二隹為雙。雙簡成双。人有双手，兩隻皆右，奇哉。隻簡成只，亦成問題。他可能不了解只為何物，今試說之。請先說尺。篆文尺象右手虎口張開，用食指和拇指卡量長度之形。在周代，這樣長算一尺，合今五寸。這是男手。若是女手卡量，就祇有八寸了，合今四寸，謂之一咫。篆文只象女手卡量之形。手肥指短，異於男手，篆文一望便知。《說文解

尺　只
篆文尺　篆文只

字⦅⦆》誤解只字，視爲虛詞，不知只之訓僅㊈訓少，正源於女手之短小也。尺字《說文解字》也解錯了，不知篆文尺象男手卡量之形。咫字從尺而加女手，意思好懂。雙簡成女手的只，很不適當。同時，他又把祇也簡成只，以一只而承挑雙祇兩個正字，將給後人增添困惑，智者不取。

奮字簡成奋字。看金文奮，一隻鳥被田網網住了，奮翅撐擦。字從田，非田野，乃獵網。鳥身被網纏裹住了，好人體被衣包住，所以字從金文衣，包住鳥身。這是形象的比喻，是喻象。篆文奮怕從衣說不清楚，改成從大。簡字奋竟然省掉隹。鳥沒有了，誰在網中奮翅？

奪字簡成夺字。看篆文奪，一鳥在又（右手）就是隻字。大古音duó，作聲符用。㊈正字奪下部的又（右手）加一點成寸了。字義爲手持之鳥脫逃飛走。奪簡成夺，鳥被省掉㊈。鳥沒有了，誰來表演脫逃？簡字夺和簡字奋都被剜了心，中間空蕩蕩的，字形不受看。

零三九・鳥瞿人懼準准分

流沙河

懼 簡字　**懼** 正字

懼字簡成惧字。內心恐懼，見之於眼。懼字請看下面，甲骨文裏早就有了。那人跪坐，兩隻眼睛左顧右盼，其內心之恐懼完全暴露出來。金文省掉那人，祇留二目顧盼。篆文更省，祇留二目。正字懼結構上完善了，更看了。左旁豎心，內心有懼。右旁瞿，鳥怕人而左右驚視。《詩經・蟋蟀》有"良士瞿瞿"借鳥之驚視表明良士之警覺，不敢稍有荒嬉。懼簡成惧，具，完備也，講不出半點道理來。

篆文　金文　甲骨文

虽 簡字　**雖** 正字

雖字簡成虽字。《詩經・常棣》："雖有兄弟，不如友生。"以雖為假設例詞。古人造字，皆實詞，絕無虛詞。雖字也屬實詞，從虫唯聲，義指蜥蜴類的守宮。又名蠍虎，或名壁虎。古名蝘蜓。簡字虽把聲符唯字割裂開，留口棄隹，實在無理。若就字形而論，虽字便是虫口，豈不誤導讀者？若以虽為從虫口聲，就更不知是何物了。正字雖既然指蜥蜴類的守宮，揚雄《方言》云："守宮，南楚謂之蛇醫。"蛇醫二音快讀，拚合成雖。

准 準
簡字　正字

準字簡成准字。早在一千五百年前就興這樣簡了。當初嫌準簡掉下部的十，會與江淮的淮混同，所以又省去一點，作准。當初這樣簡，並非無條件的，而是有限制的。準字祇有在作"允許"用時，才簡成准。例如不准亂來，准予放行。此外，準字照用不簡。例如準此辦理，提高水準，作為標準，槍口瞄準，事先準備，準時開會，始皇隆準。現今嫌麻煩，一律簡成准。奈何臺灣那邊不接受大陸的簡字法，有詩人高準旅遊來大陸，拒絕用高准，堅持用高準。高準二字見報，大陸作家李准也要求出版社排成李準。本來嘛，他二人投胎時不須要誰批准，男子漢大丈夫堂堂標準，你有什麼權改動他人父母所錫之嘉名耶？宋人有詩："準擬今春樂事濃，依然枉卻一東風。年年不帶看花眼，不是愁中即病中。"準擬者，預先估計也。奉命簡成准擬，老實人讀了這首詩，思想大大提高，發言說："宋朝的詩人組織紀律觀念強，明年春假怎樣遊玩，都要事先請示報告，得到批准後，才去實行呢。"

　　順便說說準字，從水隼聲。準乃古代的水平儀，建宮室平地基用之。聲符隼字象獵隼站立在獵人的臂膀上。隼字從隹從一。一，橫伸之臂膀也。獵隼放出，飛攫禽鳥，十拿九穩，所以準確之義生焉。

零四零·單翼難飛學算術

流沙河
中國作家協會四川分會

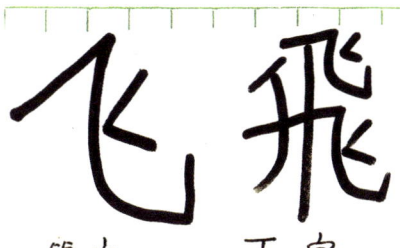

飞 簡字　　飛 正字

飛字簡成飞字。看篆文便知,飛像鳥兒展開雙翅,昂頭向上奮飛之形。早些的金文,展開雙翅就夠了,鳥頭鳥身都省了。請看仔細,此即非字。非就是飛,所以蟲蟲飛用蜚字。更早些的甲骨文,雙翅向下拍擻就是飛字。回頭看現行的簡字飞,祇剩一隻左翼,居然它也叫飛,荒謬自不待言。憶予少時練字,寫正楷的飛字,心頭有說不出的舒服,往往片紙寫滿飛字。後來讀了書,才悟得這就是美感呀。寫簡字飞,心頭總不舒服。

篆文飛　金文飛　兩個甲骨文飛

习 簡字　　習 正字

習字簡成习字。正字習從羽從白,來自甲骨文和篆文。兩字像高舉的雙翅,也表示鳥飛。白即百,表示一次又一次,重複多次飛。習字義為鳥類練飛。人類學得技能,還要勤練,謂之學習,取義於鳥練飛。簡字习,砍掉一翼,怎樣練飛?何況字形難看,誤視成刁。

篆文　甲骨文

學字簡成学字。學字以爻爲聲符。爻今音yao而古音xiao。學字今音xue而古音xiao，照音寫出來就是校xiao。乃知學校原本一字而二音耳。爻字象網眼形。網眼彼此相似，容易互相混淆。由此又引出仿效的意思。學就是仿效嘛。老師做給你看。看了你就仿效。仿效成功了，你就畢業了。從甲骨文看起，先是一座房子，老師伸出雙手，教你數指頭，一二三四五，算術。後加爻作聲符，此字讀xiao。到金文又加上學生娃娃。到篆文房子變成校門。你看這個學字多有趣啊。偏偏他無趣，簡成娃娃頭上敲木魚，啵啵啵。

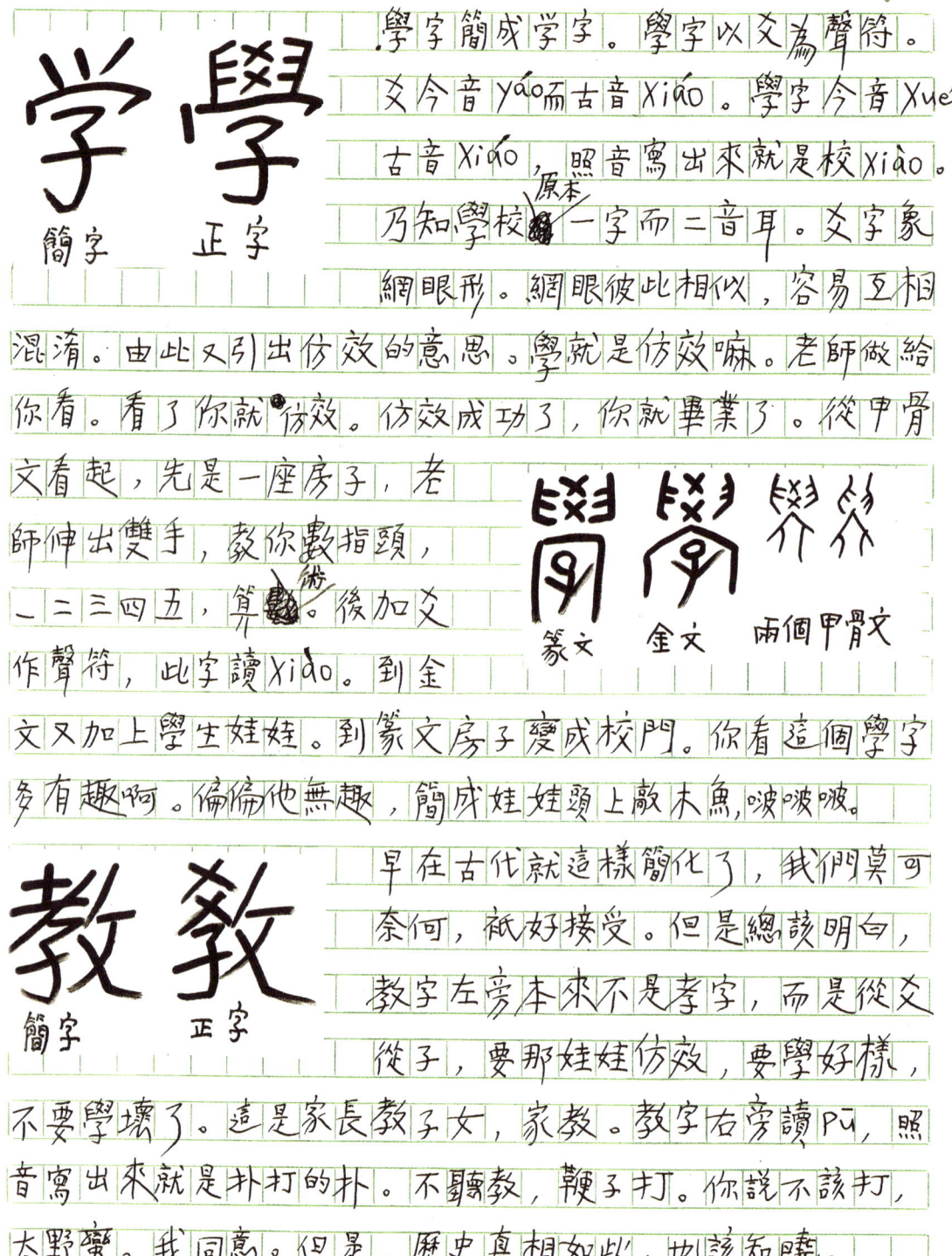

簡字　正字
篆文　金文　兩個甲骨文
簡字　正字

早在古代就這樣簡化了，我們莫可奈何，祇好接受。但是總該明白，教字左旁本來不是孝字，而是從爻從子，要那娃娃仿效，要學好樣，不要學壞了。這是家長教子女，家教。教字右旁讀pū，照音寫出來就是扑打的扑。不聽教，鞭子打。你說不該打，太野蠻。我同意。但是，歷史真相如此，也該知曉。

零四一·游遊周週各有用

游 遊
簡字 正字

辵 正字 篆文 金文
走之

遊字簡成游字。準確說，遊游皆正體字，各俱字義。遊指遊玩，旅遊用之。游指游水，游泳用之。字義不同，源於所從各異。遊字從辵（走之），要動步，所以旅遊用。游字從水（三點），要下水，所以游泳用。如今祇作偏旁用的走之，本來是一個正體字，寫成辵。上部是行省（行字省掉右旁），表示道路。下部是止，表示動步。止字象左腳形。動步先出左腳，所以用左腳表示動步。這個辵字音chao，就是後造的超字。看辵字的金文，正是從行省，從止。辵作偏旁用，簡寫成走之。凡帶走之的字，皆與動步有關係，多屬動詞。

回頭說遊和游，這兩個正字，上面嫌麻煩，把遊字滅殺了，以游字取代之。從此旅遊、漫遊、逛遊、遊行、遊樂、遊擊都用游了。《詩經·周南·漢廣》裏的漢水女神漂浮在波濤裏，謂之"游女"。將來的讀者會認為游是遊的簡化字，誤解為在漢水邊遊玩的女子。嫌麻煩而滅殺遊字，會給後人造成混亂。

大凡從辵（走之）得義之字，其餘部份多為聲符。例子很多，如遼、遙、逍、遠、近、過、逼、迫、迂、迕、迸、迴、迷、述、逗、逞、遭、遇、還、逛、選、邃、遵、避、邏等等皆是。這類形聲字，左象形得字義，右聲符得讀音，易認易寫，古傳到今，通行無礙。他就不該任意處置，今天把這個拉出來騸了，明天把那個拉出來劁了。

周 週
簡字　正字

週字簡成周字。準確說，週周皆正體字，各俱字義。週字從辵（走之），義為遶行邊界一圈。週邊、週界、週圍、週期、週到、圓週、四週、星期一到星期日七天為一週，皆用之。周字用處較窄，一是地名周原，二是國名，三是朝代名，四是姓周。最早的周字見於甲骨文，象農田邊～～界形。金文加口，此

篆文　兩個金文　甲骨文

口非嘴，乃正方形表示都城，遂為國名。邊界圍一圈，由此生出周圍、周密、周到諸詞。晚近乃造加辵的週字，為周字減輕負擔。週字既造，便用於週圍、週密、週到諸詞。週周分工，俱合理性。簡化令下，週被滅殺，一律返古使用周字，這是在開倒車。

零四二・不走為还 寸走过

还（簡字） 環（正字）

還字簡成还字。遠行一圈，回到原處，曰還。字既從辶（走之），還之本義必與動步走路有關係。還字拿掉走之，剩下的部份，其上為橫目，其下為袁省。橫目袁省合成的這個字，音huán，義為環視一圈。這個今已不用的字，左旁配上走之，造成還字，字義就變成遶行一圈了。簡而言之，無走之是看一圈，有走之是走一圈。道理講明白了，正字還就好懂，也好寫。相反，簡字还拆開看是"不走"。不走為还，妙哉妙哉。本來嘛，你遠行一圈，又回到原處，豈不是吃飽了撐的嗎。所以不走為还，簡得好，簡出了懶漢的"大智慧"。

环（簡字） 環（正字）

環字簡成环字。他，那位正體字的殺手，既然把還騸成还了，也就順手把環劁成环了。至於"不玉"為环這類疑問，你若當面提出，請他賜教的話，他會泰然答曰："不木為杯你不懷疑，偏偏懷疑不玉為环。"你被他唬住了，啞口無言。你別氣餒。我來同他講理。杯字從木，古用木杯。不古音bēi，声符，但也參與字義。看古文字便知，

篆文不　甲骨文不

不這個字拆開來看，下部象植株形，上部象花托形。花托是指花朵的下部，為杯狀體，體內藏有子房。花托舊名萼跗。字古作柎，柎就是不，亦即杯狀花托。《詩經·小雅·棠棣》："棠棣之花，鄂不韡韡。"鄭玄箋云："承花者曰鄂。不，當作柎。柎，鄂足也。"由此可知，杯字從不，是因為其器形就像花托，有道理可講。而簡字环從不，則無道理可講。

过 過
簡字 正字

過字簡成过字。過字既從辵（走之），其義必與走動有關係。咼是聲符。過、鍋、剮、渦、禍都用咼做聲符，可知咼字多音多讀。不過音讀雖多，畢竟相去不遠，作聲符用，仍然能夠起到音標作用。而簡字过從寸（右腕寸口）說不出道理來。又無聲符，學童祗能死記讀成guō。正字過拿來考小孩時，如果小孩先已認得鍋字，就容易猜中過字讀guō音。簡字則無此種觸類旁通之優越性。順便說說咼字。甲骨文咼從卜，象牛肩胛骨形。龜的腹甲和牛的肩胛骨在商朝都用於吉凶占卜，刻卜辭在甲骨上。咼是禍字古寫。用作過的聲符，不涉禍福。

咼
篆文　三個 甲骨文

零四三·舌舌有別 达對了

流沙河

适（簡字） 適（正字）

適字簡成适字。適字從辵（走之），其義為往，為去，為到，亦與走動有關係。拿掉走之，剩下右旁，是啻chì字的變形，作聲符用，並不參與字義。適字右旁原本是啻，請看篆文便知。從辵啻聲之字，變形以求楷書美觀，就寫成適字了。要說簡化，這也算簡化吧。而今日之簡字适可以說錯得使人驚詫。一是他本來想簡化成走之旁一個舌，舌頭的舌，上千下口，音shé，作聲符用，却錯寫成上千下口，音kuò的舌字了。二是他不知這個适早就是正體字，不能拿去充當適的簡寫。正字适kuò見《論語》。古人有南宫适，此适絕非適的簡字。舌舌二字寫成篆文便風馬牛不相及了。應該擂鼓三通，撞鐘九響，大聲吶喊："舌是舌，舌是舌，混淆不得！"舌字錯寫成舌，導致適字被錯簡成适字，等於把音kuò的正字适暗殺了。《論語》南宫适，以為是簡字，正字便寫成南宫適。他把上千下口的舌滅掉，以舌代之。官方頒佈的《新華字典》也跟著鬧笑話。舌伸觸的舐字和舔字，舌嚐味的甜字，心頭

篆文適

篆文舌　篆文舌

舒服的恬字，都錯成從舌，寫成舐、嬌、甜、恬，誤導國人。二十六億隻眼睛都視而不見，沒有一張嘴吶喊過。

恬（簡字） 恬（正字）

恬字簡成恬字。皆九劃也，簡筆在哪，直謬誤耳。讀書人憑敏悟能看出，适kuò 括kuò 蛞kuò 話huà 活huó 這五個字讀音相同或相近，聲符都是舌。再看簡字恬，順理成章讀成kuò或huó，這就叫誤導。必須回到正字恬，方能看明白，此字從豎心，甜省聲。右旁的舌便是甜省，聲符。

达（簡字） 達（正字）

達字簡成达字。這個字簡對了。原來通達的達本應作达。达是正字，從辶（走之）大聲。早在甲骨文就有达字了，那時達字尚未造出。唐代孔穎達著《毛詩正義》，所引《說文解字》云："達，小羊也。從羊达聲。"用來解釋《詩經·大雅·生民》之"先生如達"句。女子生第一胎，謂之先生。姜嫄生第一胎像母羊生小羊那樣容易。達字義指小羊，與走動無關係。达字絕非簡字，理應恢復曾經地位，作異體字用。

篆文達　篆文达　甲骨文达

零四四·從从叢丛鏊成對

流沙河

从 簡字　**從** 正字

從字簡成从字。早在甲骨文就有从字了。甲骨文从，畫兩個人，一前一後，象隨從的意思。這兩個人既可向左，又可向右。無論向左向右，總是一前一後，意思都是隨從。甲骨文从，向右的容易混同於比字，此弊病也。所以到了篆文，固定向左，仍是二人一前一後。不過還有弊病，二人站在那裏，未見其動步前行，不足以表達出隨從的意思來。所以篆文又造從字，在从旁加辵chǎo。辵字上為行字

兩個篆文從和从　　兩個甲骨文从

左旁，表示道路，下為止字，象左腳形，表示動步。如此說來，从從該是古今字了。必先有从，而後有從。考慮到从字象意欠圓滿，所以又造從。簡化字運動開倒車，把從簡成从，太不該。連累到蓯蓉和樅樹都寫成苁和枞了。

丛 簡字　**叢** 正字

叢字簡成丛字。事物聚集為叢，例如草叢、樹叢、花叢、人叢。叢字下部的取，是聚字的省略。這就叫從聚省，意指叢字從聚得義。叢字上部的丵，音cuó，作聲符用。叢cóng丵cuó雙聲，古音聲

第087頁

互通，所以丵能做叢字的聲符。是純聲符，並不參與字義。叢字筆劃繁，拆開看仍容易懂。而簡字丛，地平線上兩個人，斷無聚集之意。眾字下部是三人為众即众，集字上部篆文是三隻鳥。正體字全都是有道理可講的。

鑿字簡成凿字。前面說丵音cuó，未交代是何物。現在補說，這是鑿具，象形。看下面篆文鑿，已鑿出一個坑，坑中有渣。右旁是殳shū，古兵器之錘錘，用在這裏泛指右手持械用力。下部是金，與鋤、鍬、鏟、鋸、鉗、鍫、鑿等等金屬工具從金相同。前輩文字學專家在甲骨文裏找到鑿字，實屬匪易。甲骨文鑿畫的是有山峯的礦洞，洞內左旁，上王是玉古寫，下由是簍象形。鑿得玉，置簍中。洞內右旁，雙手舉起鑿具，正在勞作。別嫌木匠鑿子太小，鑿不了幾兩土。廣義的鑿具包括鍬和锨，打井都叫鑿井。到了篆文，礦洞和玉簍的全都免掉了，洞口上的四座山峯留着，拿來安在鑿尾，變成四點，用以保存礦山記憶。正字鑿筆劃多，簡寫成凿，使可以作異體字用。

零四五·征戰徵婚大不同

流沙河

征 簡字　**徵** 正字

徵字簡成征字。征字本來就是正字，不能拿去做徵字的簡字。征徵各具字義，不能互通。早在甲骨文，就有征字了，而那時尚無徵字。下面三個甲骨文征，一一說之。第一個，左旁是師字的省署。師，軍隊也。右旁左腳右腳走向一城（國）。此即征字，義為征伐，征戰。行軍也可叫征，遠征，長征。字義擴張，行旅也叫征，征帆，征夫。所以就有了第二個不要左旁的征。第三個，省掉右腳也是征。到了金文，左旁加上行字的省署（所謂雙人旁）。篆文繼承下來。正字征又省掉左下一止。

篆文征　金文征　三個甲骨文征

而徵字的本義則指徵兆。古人生存境遇險惡，憂心忡忡，總想預先占卜吉凶禍福，以便有所準備。他們憑着直觀所得事象，去推斷自然和社會的變化，便有了"月暈而風""礎潤而雨""目瞬有酒食""燈花得錢財""鸛鳴遠人歸""鵲叫客人到"之類的說法。月暈、礎潤、眼皮跳、燈爆花、白鸛鳴、喜鵲叫這些事象都很瑣屑細微，在他們心目中就叫徵。抓住微小的徵，便能預測禍福。徵字從微省，就好理解了。徵字用壬做聲符。篆文壬象人在土上，就是今之停字。壬ting聲可轉zheng聲，所以做了徵字的聲符。徵兆既然微小，所以必須細心觀察尋找。《說文解字》："徵，召也。"召即找。所異者召動口而找動手，唯此而已。召找一義又孳生出徵兵、徵糧、徵稅、徵文、徵婚、徵求、徵用這些說法，致使徵之字義越延越遠，而其本義徵兆漸被遺忘。今人據《說文解字》，誤解徵即是召，與征一樣都是動詞，便把徵征二字纏在一起，讓征字做簡化字，以取代徵字。國人聽話，且圖方便，奉命自覺滅殺徵字，都寫成征兵、征稅、征文、征婚，似乎募兵收稅集文求婚，都要征戰一番，方能完成。

徵字被視為繁體字，理應滅殺，却又滅不絕，殺不死，仍然躋身《新華字典》。這回不音zheng而音zhǐ，作為古代五音"宮、商、角、徵、羽"之一而被保留。既然留着這個徵字，何不返還其zheng音和徵兆的本義，使其復員而與征字分家，各歸其所用耶？

順便說說為什麼徵zheng又音zhǐ。zheng和zhǐ的聲母相同，皆zh，這叫雙聲。古音雙聲可以對轉（當然這是有條件的）。徵字兩音，其故在此。

零四六・復複成复衝沖冲

流沙河

复 簡字　**復** 正字　**複** 正字

復複二字都簡成复字。這好比兩家人擠住在一室內，肯定會有諸多不便。又好比二人共用一個名字，外面傳呼叫名，不知該誰出去應承。復字從彳省，義為回返。複字從衣，義為夾衫。回返又可以引申為回答、回報、報復、反復、恢復。夾衫又可以引申為重複、複雜、重疊。士兵復員，學生複習，哪能都用一個复字。民族復興，文件複印，根本兩回事，現今都用一個复字。詞義的含混導致思維的紛亂，不可取。在英文裏，return和repeat都是各用各啊。沒有一個英國人想把這兩個單詞都簡化成re，而我們卻敢把復複二字都簡成复字。

彻 簡字　**徹** 正字

徹字簡成彻字。徹字從彳省，義為道路暢通。《說文解字》以通釋徹，亦指路通。因為字既然從彳省（雙人旁），所以字義必定和道路有關係。如果拿掉左旁的彳省（不要雙人旁），剩下㪍，仍是字，讀音與徹同。這個㪍字在古籍裏寫成㧟字。《詩經·大雅·生民》說姜嫄生后稷很順利，產婦"不坼不副，無

篆文徹

災無害"。副即剖，剖腹腔也。拆即散，動手術也。看篆文徹，請將左旁行省（雙人旁）拿掉，剩下㪔字。此字從育，象胎兒頭向下，即將穿"肉"而出。右旁從扑，表示助產醫婆用力有所作為（動手術）。可知徹字訓通，蓋謂打通道路，取義於㪔之打通產道也。徹簡成彻，而切衹是刀切，絕無打通之義，僅僅起到聲符作用而已。

冲衝
簡字　正字

衝字簡成冲字。其實冲衝二字都是正字，各具字義，本不相干。衝字从行重聲，本義指交道口。前已說過，金文和甲骨文行字象交道形。交道，蜀人叫十字路。交道口也就是十字路口。十字路口交通繁忙，謂之要衝，正用衝字本義。要衝之地，車輛縱橫往來，容易互撞。於是有了衝撞、衝擊、衝犯、衝突這些說法。《水滸》說好漢們"衝州撞府"，衝就當作動詞用了。冲是俗字，字本作沖，為形容詞。沖淡、沖寂、沖漠、沖虛、沖和靜、沖都是作形容詞用的。民間口語突破規矩，乃有沖犯、沖喜、沖賬這類說法。現今更不講究，以沖代衝。又簡掉一個點，寫成冲。兩點是冰，三點是水。衝鋒成了冲鋒，水衝成了水冲，不知與結冰有什麼關係。

零四七·皇后在後佛非佛

流沙河

后（簡字） 後（正字）

后 后 后 居
篆文后　兩個金文后　甲骨文后

後字簡成后字。同樣，后字本來也是正字。后字和前後的後字毫無關係。夏商周三代，天子也好，帝王也好，諸侯各國君主也好，都可以稱后。連上帝都可以被稱為后帝。周民族傳說中的始祖，本名棄（被拋棄的嬰孩），長大做了農官，被尊稱為后稷。他們一個個皆是男子漢。但是，怪哉，甲骨文后字畫人生娃娃。這是因為古人造字時還保留着母系社會的遙遠記憶，那時酋長都是女性。專指天子、帝王、君主的后，大概周朝末年發生變化，降格使用，拿去專指帝王的正式配偶。人事既然變化，天命也該相應調整，於是有了"皇天后土"的說法。天為王（皇），地（土）為后，尊卑關係自見。王在前臺，后在幕後，所以經傳可以借用后字表示前後的後，例如《禮記·大學》："知止而后有定。"此后即後。後字早就有了，嫌筆劃繁，借用后字代理。要說簡化，勉強也算。祇是那時絕無假政令以大規模推行的舉措，夠不上"化"，偶爾為之罷了。後字從古到今，字形不變，字義恆定，而且看形知義，一講就懂。

後字從彳旁（雙人旁）表示道路，從倒止（趾）表示走動，從幺表示幼小。三合一的結果是小孩走路慢，落在成人之後。幺者幼也，字象襁褓中的嬰幼，上頭下身，細頸。後簡成后，轉眼近一甲子。吾見有書法家炫耀他自己有學問，皇后寫成皇後。故鄉回不去了，該怪誰啊？

篆文　金文　（周）甲骨文

簡字　正字

佛字簡成佛字。記憶中的面容相似，謂之髣髴，若是道路相似宜用彷彿為好，因為字從彳旁，涉及道路。現今寫成仿佛，仿造佛祖？其實早在《詩經》裏就有佛字了。《周頌·敬之》："佛時仔肩，示我顯德行。"佛要音bì，義與弼通。佛教傳入中土以後，佛bì的讀音已轉成bó，所以就被用來音譯Buddha，寫成佛陀。從此以後，佛字專用，以示尊敬。這個傳統不妨保留，仿佛還是寫成彷彿為好，使其與徘徊、彷徨、徜徉自成群落，便於學童連鎖記憶。正字佛從人弗聲。字既從人，其義當涉人事。司馬相如《子虛賦》用過仿佛一詞。晉代佛教風行以後，佛字專用，便改用彷彿了。

零四八·巠本經線御非禦

流沙河

径 (簡字)　徑 (正字)

徑字簡成径字。同樣，經簡成经，輕簡成轻，莖簡成茎，涇簡成泾，氫簡成氢，到簡成到，勁簡成劲，頸簡成颈，脛簡成胫，痙簡成痉，烴簡成烃。一次手術修理了十二個，關鍵就在巠簡成圣。欲問得失，須先瞭解巠字。《說文解字》認為，巠字從川，一象大地。川在大地之下，地下水也。壬ting省聲。地下水之說，找不到旁證。我看是經字的古寫。巠字從工，上部象織機上的經線形。古代織機木製。人坐機前，雙腳

巠 巠 巠 巠
經古寫　篆文　兩個金文

左右踏板，兩手交互投梭。兩個金文，所見正是經線多條，密密縱排眼前之象。黃河流域民居，坐北朝南，所以南北曰經，東西曰緯。地球經緯線，經線南北縱排，緯線東西橫排，取法於此。織機上的經線固定，所以經訓常，即持久不變，乃有經典一詞。巠被簡成圣了，經線看不見了，解說也困難了。現在回頭說徑。田徑賽跑，跑道多條平行向前伸引，恰似織機上的經線。可知徑從行省，巠是聲符，但也參與字義。簡字径，經線看不見了，解說同樣也困

第095頁

難了。田徑，蜀人叫田埂。其實徑字也可以音geng，不必寫成埂字。埂字在《說文解字》是薪坑，非路徑。蜀人錯了。

禦字簡成御字。本來禦御二字都是正字，各具字義。禦字義為抵抗，禦敵、禦寒、禦災用之。禦字既然從示，肯定同祭祀有關係。禦之本義是求乃神禳除不吉，驅鬼逐病。由此引申出抵抗的意思。抗日戰爭時我已進小學，已懂"抵禦日寇侵畧"，會寫禦字。而御字則是從"御駕親征"的小說演義聽來的，不會與抵禦的禦混淆起來。御這個字還須多說幾句，弄個透徹。甲骨文御，溯其初義，乃是跪着迎迓來客。左旁一午（杵）是純粹的聲符。這是常見的形聲字，古音wǔ，後轉成今音yù。另一個甲骨文，多一個雙人旁，這是跪在路旁迎迓來客。到篆文御又加一止（趾），走路去的。《詩經·召南·鵲巢》："之子于歸，百兩御之。"女子出嫁，百輛婚車來迎。鄭箋："御，迎也。"後來和控馬的馭字混用，御就喪失迎迓初義，被用於駕御了。帝王掌控臣民，丈夫掌控妻妾，皆可稱之為御了。

御 簡字　禦 正字

御 篆文御　御 御 兩個甲骨文御

零四九·蹤跡古蹟踐踩之一

流沙河

迹　跡　蹟
簡字　正字　正字

跡字和蹟字都簡成迹字。跡和蹟皆正字，字義非常相近（因皆取義於足），但是各有各的用處，不宜混同。若都簡成迹，便是混用了。大體而言，跡字用於腳印以及萬物萬事留痕，蹟字用於古蹟以及歷史文化存遺。足跡不可寫成足蹟。古蹟不可寫成古跡。跡蹟二字之間，界限畢竟模胡，不能劃得一清二楚。須知此乃語詞之學，並非自然科學那樣要求概念絕對準確。哪能因為跡蹟二字涵義太近，就令其合併成一個字。跡蹟二字並存分用，好做文章。簡字迹也並非減筆字，從前就有，是異體字。作為異體，不妨保留下來，不必派去充當簡體字。跡和蹟皆從足，說說足字。篆文足，說是象形字。不像足形呀，你說是不是？且先看圓圈下的那個止。止象吾人左腳形，五趾省作三趾了。吾人動步，總是先出左腳，所以用左腳當代表。人體

篆文足　金文足　甲骨文足

從頭到腳而終，所以止字訓終，都說終止。篆文足，止上的圓象腿踵之形。左腳和腿踵組合成足，所以也是象形字。足者柱也。人之有雙足正如屋之有四柱也。跡字從足從

亦，其義為"也是"足（腳印亦足）。蹟字則是從足責聲，有別於跡。痕跡用跡，遺蹟用蹟。分工而用，難道不好。跡蹟合併為迹，開倒車了。

踪 簡字　**蹤** 正字

蹤字簡成踪字。《說文解字》無蹤字，《史記》有。蹤是正字，而踪是異體字，今作簡字。蹤字從足從從，從亦聲。蹤，跡也。蹤跡一長串，隨從在吾人身後，所以字從從。從，隨從也。簡字踪，宗是純聲符，不參與字義。兩相比較，蹤比踪好。

践 簡字　**踐** 正字

踐字簡成践字。踐字從足戔聲，義為腳踏，踩躪。戔jiān從二戈。戈是古代步卒常用兵器，又名平頭戟。尖端無銳鋒，所以叫平頭。戈之用，在橫砍，在鉤割。二戈，砍了一戈，又砍一戈，砍成碎塊。碎成塊，就小了。從戔得聲之字多有小義。淺是小水，盞是小杯，箋是竹片，錢是小鍬，線是細繩，棧是木條，賤是小貝，餞是小飲。吾蜀秋耕後剗土塊，用鋤頭或木錘擊碎。戔字二戈，一目了然。簡成戋字，徒摹困擾，不知其為何物。

篆文戔　甲骨文戔

零五零・一勺二斤鼠逃竄

流沙河

趵字簡成趵字。準確說，不是簡化，而是錯寫。早就這樣把一橫錯寫成一點了，現在順便加以訂正。吾人須知勺勹本非一字，讀音也不相同。濟南趵突泉，泉城名勝，天下盡知。趵字從足勺聲。趵音 biào，與豹讀音同，因為都用勹做聲符。勹應該是飄字的古寫。看其篆文正象飄冤囪湯。一橫非一，乃象液體之平面也。看其甲骨文，左向右向都一樣，與篆文近似。從勹諸字，枸衿酌芍，灼珣都連帶訂正了。與勹字不相同，勺 diào 應該是釣字的古寫。勺字象釣鈎上掛魚餌。釣字進入《說文解字》時就已經錯寫，把勺錯成勹，混勺勹為一字了。錯了近兩千年，豈容我"順便加以訂正"嗎？回頭說趵字吧。趵字晚出，未能進入《說文解字》。趵用勹做聲符，字義為縱跳。泉水湧出，向上縱跳，是謂趵突。趵字右旁也可視為豹字之省，因為豹善縱跳。援《說文解字》例，應該說趵字從足，豹省聲。字義源於豹跳，而與飄冤囪湯的勹無涉。再回頭說勺 diào，象鈎掛餌之形。勺音可轉為 dí，拿去做的的的聲符。的見《說文解字》，的見《詩經》，可知勺字早就有了。

踬 簡字　**躓** 正字

躓字簡成踬字。踬字從足質聲，義為跌跤。質在這裏祇做聲符，不涉字義。質字拆開看，從貝斦聲，義為用物抵押借錢，就是典當東西舉債。事關銀錢，所以從貝（貝幣）。斦zhí字二斤，兩具長柄斧。長柄斧伐木用，其青銅斧頭重量有規定，所以後來用作重量單位。篆文斤象長柄斧之側視。甲骨文斤強調斧口銛利，畫箭頭以表示，非謂其尖銛如矢鋒也。長柄斧列兩具，意思暗示等值。

篆文斤　金文斤　甲骨文斤

所，值也。抵押借貸，物與錢須等值。質簡成贡，兩斧簡成一斧，等值之義便失去了。簡字质，沒法講。《左傳》"周鄭交質"，今有暴劫人質，用簡字质能講清嗎？

蹿 簡字　**躥** 正字

躥字簡成蹿字。舊時民居，木構瓦房，上有天花板，下有地鎮板，牆壁有縫，陰溝有洞，皆有利於鼠類生存蕃殖。鼠們不時出沒寢堂廚厠，家人大譁，追打不及，逃跑入穴，於是造出躥字。簡成蹿字，趣味頓失。無趣之人，復何言哉。

零五一・蹺躍畢倉有象形

流沙河

蹺字簡成跷字。蹺字從足堯聲，義為舉腳。舉腳之字，《說文解字》有蹻無蹺，乃知蹻蹺為古今字。今則以蹺為正體字，而以蹻為異體字矣。正字蹺qiāo從足堯，而正字堯又從兀wù垚yáo。兀字象形，指黃土高原地區因流水衝刷而形成的高地，四邊陡高，頂上平坦，今謂之塬。垚，高土堆。塬上又加高堆，堯就更高了。舉腳而高，那就是踩高蹺。蹺字能解，簡成跷字就無解了。其右旁戈字缺一點，根本不成字，教人如何解。

躍字簡成跃字。躍字從足翟聲，義為迅速前進。翟，古名山雉，長尾野雞，棲息林間。受驚擾而迅飛，疾速如矢，所以名雉。躍字迅速前進之義，取自翟之迅飛。躍簡成跃，迅飛沒有了，迅速前進之義從哪裏來呢？簡字跃從夭，而夭字義為柔弱，又有夭折一說，還有夭殤一說，正是一簡成讖，預言了一九五八年之失敗大跃進。順便說說耀字。山雉（翟）有錦雞一類，羽毛美麗，光彩炫目，所以耀字從翟，翟亦聲也。躍耀一類的形聲字，右旁所從之翟，既是聲符，同時又參與字義，那是簡化不得的。

跸 簡字　蹕 正字

蹕字簡成跸字。蹕字從足畢聲，最常見的純形聲字，不必深講。祇是畢是個象形字，簡不得，簡了就不象其形狀了。看篆文畢，字從田。田在這裏不是農田，而是獵田（狩獵圍場）。字從田是表示狩獵，所謂田獵。畢字田下面是象形，象長柄網之形。畢網長的做柄，網口小，捕鳥捕兔用之。用法，自上而下，掩覆獵物，使之被網罩蓋受擒。古代二十八宿，畢宿在今金牛座內。畢八星在天空連綴成長柄網的形。畢宿五特亮，為金牛的大眼睛，冬夜可見。認識畢宿，再對照古文字畢的象形，你將終身不忘。畢簡成毕，如何對照？

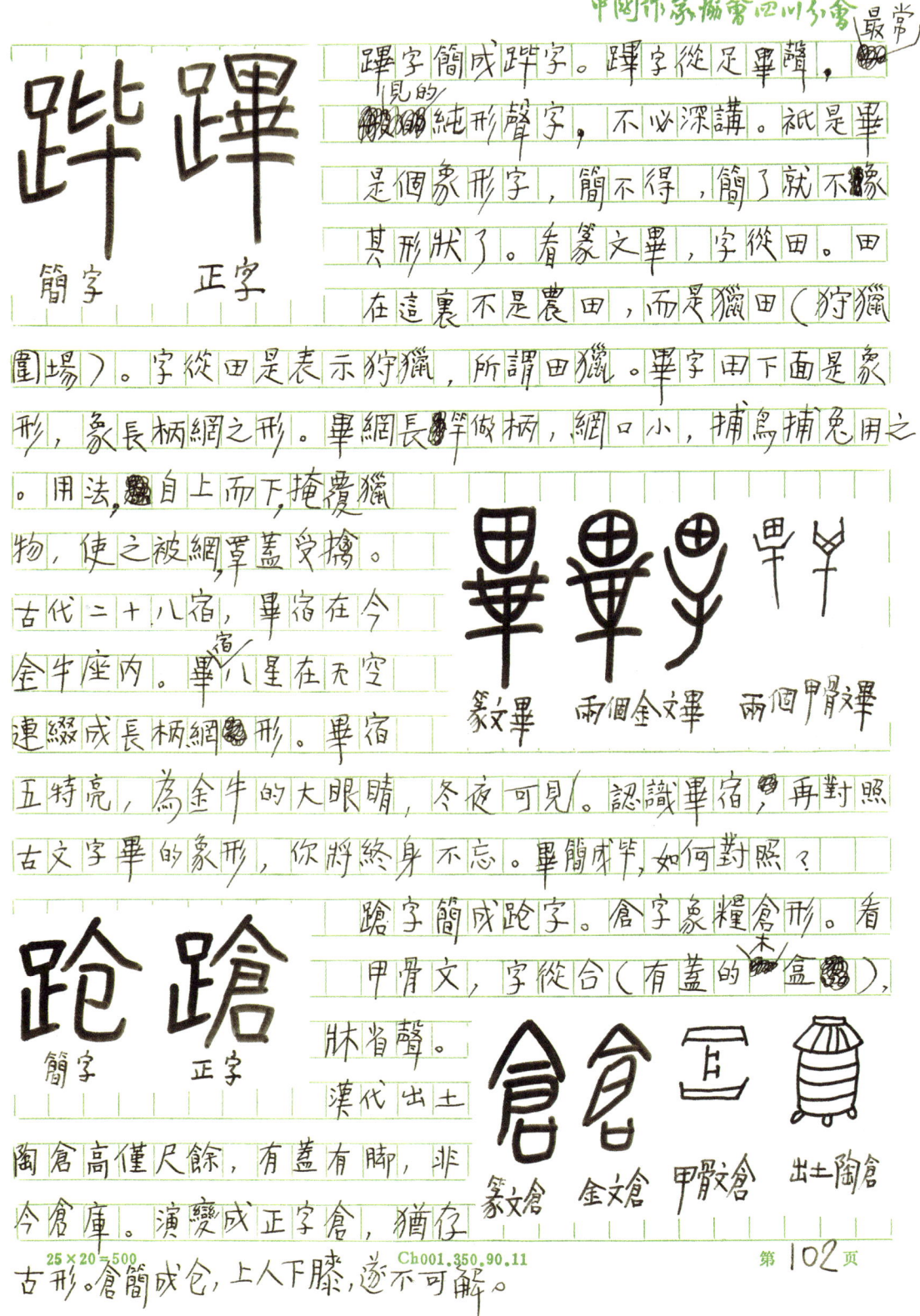

篆文畢　兩個金文畢　兩個甲骨畢

仓 簡字　倉 正字

倉字簡成仓字。倉字象糧倉形。看甲骨文，字從合（有蓋的盒），牀省聲。漢代出土陶倉高僅尺餘，有蓋有腳，非今倉庫。演變成正字倉，猶存古形。倉簡成仓，上人下膝，遂不可解。

篆文倉　金文倉　甲骨倉　出土陶倉

零五二・万本歿字异入室　流沙河

中国作家协会四川分会

𧾷（簡字）　躉（正字）

萬（正字）　𦥯（篆文）　𦥯（甲骨文）

躉字簡成𧾷字。躉音dǔn，從萬從足。萬為數目之頂極，足乃肢體之終端，合起來就有了表示物量之多，多到極端，不可復加的意思。貨物整批買進曰躉買，整批賣出曰躉賣，以區別於零買零賣。吾蜀躉讀duǐ，正如敦促之敦讀duī，音轉也。現在單說萬字，篆文和甲骨文象蠍形，本指蠍類之一種，體型大，色灰黑，而鉤尾無毒刺者。篆文比甲骨文多出一隻橫伸的右手，那是古人橫伸右手貼左胸膛表示敬禮神蟲。萬這種無毒蠍子舉螯翹尾，威武踏步，樣子可怕，人敬畏之，所以行禮。周代有集體武舞，所謂"公庭舞萬"者，見於《詩經》，仿蠍步也。少時觀蘇聯哥薩克集體舞，有橫舉雙刀若蠍螯，踏著節拍前進者，令人聯想起："此非周代之萬舞歟？"萬古音同滿，被借去指十千，表示數目到了頂極，已滿額而不可復加了。久借不還，無毒蠍本義遂被人遺忘。萬簡作万，已經兩千年。商業簿計嫌萬字筆劃多，以万代之。万本正體字，音mò而近滿，所以拿去代替萬用。朝廷文書，万是万

第103頁

，人有複姓万俟（moqí=音）的如害岳飛的万俟卨Xiè，萬是萬，不允許用万去代替萬。青銅器所見已有用万代替萬的了。更早一些，甲骨文已經有万字了，音mo。

甲骨文万加个寶蓋作宀，就是殯字。因為宀mo象人頭上蓋布，万即歿字古寫。人殁在家，停屍堂上，大布蒙蓋，這就叫殯。用宀做聲符，其下一左脚（止）表示有人來，便是甲骨文賓，客來了。金文賓改止為貝，客送禮金。篆文賓又改万為丐（丐比万多一角）寫成正字，成今日之賓，異體作賔。

甲骨文殯　甲骨文賓

賓字簡成宾字。前已說明，宀即殯字。宀下改万為丐，祇須左下添加一角，表示隱藏在角落裏。難怪丐字《說文解字》以"不見"釋。丐miǎn字讀音是由"沒見"二音拼成。所以宀字義與宀同，仍然是殯。賓字從貝宀聲，義為客送禮金，表示尊敬主家。作為古禮，或有道理。今則亂送，近乎行賄，違背古禮精神。賓簡成宾，莫非家中來兵，就是客了？釋宾為客，倒不如把宾館說成是營房，更切合宾字之字形。

宾　賓
簡字　正字

零五三・躔不開刀 纏開刀

流沙河
中國作家協會四川分會

缠　纏
簡字　正字

纏字簡成缠字。正字纏左旁俗呼絞絲。《說文解字》有糸音mí，義指細絲。其實可視為絲之省，解說起來也方便些。纏字从絲之省，廛聲。《說文解字》纏繞二字互訓，纏即繞也，繞即纏也，不必多講。對照著簡字缠，你以為廛字簡成庫了。其實不然，查字典廛字在，並未傷筋動骨，仍是堂堂正字。再查，廛聲之字躔，其義為踐蹈，用於古天文學，太陽在黃道上移行至某某宮，曰日躔某某。躔字並未簡成躔字，仍是正字。又查，廛聲之字瀍，其義為水名，瀍河在今河南洛陽之南。瀍字也未簡成㳕字，仍是正字。獨有這纏字被簡成缠了，不知是何道理。道理當然有，我替他回答："哎呀，左旁絞絲之絲已經簡成纟了，右邊摘取一些器官，有何不可。"回答有理。已割一刀，何妨再來一刀。所以還須回頭說說糸簡成纟。事關重大，一大批絞絲旁的漢字受此株連，所以非說不可。絲指蠶吐之絲，極細

糸　𦉫　篆文　兩個甲骨文　　絲　𢇊　篆文　兩個甲骨文

，難以象形造字。古人不得已，祇好用成品絲做象形，造此絲字。成品絲上市皆兩束一件，所以絲字篆文和甲骨文都是兩束並列。這是市場上所見之絲品，其形態已非蠶吐之細絲，姑且視之為原絲吧。這就叫不得已，請諒解老祖宗。老祖宗們後來要造一大批與絲有關係的字（關係二字與絲就有關係），字須從絲。而絲字又是兩束並列的結構，橫寬，不便於做偏旁，所以又不得已，省畧為糸，做了偏旁。這就叫從絲省。意外的好處是糸的古文字，可視為由多股細絲糾合成的絲線，而一切絲織品都是用絲線織成的。從絲線的角度去解説所有用糸做偏旁的字，無論是名詞、動詞、形容詞，更容易講清楚。所以《説文解字》不必把糸當作獨立完整的字，説成是"細絲也"，且訂其讀音mī。事實上古來典籍未見過這糸字（僅見於甲骨文和金文）。糸形近系。但在古文字裏，系象手爪提絲之形，義為懸繫，和糸判然相異，不致混同。今簡糸成纟，字形殘損，不再象形。絲字同樣簡成丝字，兩束並列之形聯成一塊，當然不像市場上的成品絲了。用實物做教輔，我拿一件成品絲教小孩，讓他們對照着認正體的絲字，使其終身不忘。

系的篆文　金文　甲骨文

零五四·覎韱被減耕長壽

流沙河
中國作家協會四川分會

迁（簡字） 遷（正字）

迁 遷 覎 舉 𦥑（簡字 正字 古寫 隸書 篆文）

躚字簡成跹字。簡言之，就是遷字簡成迁字。再簡言之，覎簡成千。請先認此覎字。覎qiān乃遷之古寫，義為遷移，遷改，變遷，搬遷。看篆文四隻手表示人手甚多，提的舉的都有。囟是聲符，今音xìn。搬遷走路動腿，所以下面從卩jié。卩即節，腿關節。有卩表示走路，後來怕人還不明白，又加走之，成正字遷。覎遷為古今字。戰國時期，道家有神仙説。凡人修道有德，昇入仙界，也算遷移，謂之僊人。僊乃仙之古寫。今簡遷為迁，何不簡僊為仟？也不想想，遷移之覎，與那計數之千，各具內涵，豈可隨意置換。更可異者，計數之千不但可以代理遷移之覎，還兼山韭菜之韱xiān，所以纖簡成纤，殲簡成歼，懺簡成忏。讖chen卻例外饒恕，祇簡言旁作谶，保留着山韭菜。山韭菜葉尖細，纖維之纖，殲滅之殲，正取其尖細以為字義也。改韱作千，則無義可取矣。竹籤該簡成竹竿吧？他不簡，乾脆一

第107頁

刀廢命，讓簽押的簽去兼任。這樣一兼，牙籤就寫成牙簽，進而簡成牙签了。古人藏書，卷帙之首繫以象牙簽牌，標明書名，是為牙籤。他才不考慮呢，拿到餐桌上剔牙選去了。他的脾性，你摸不著。鞦韆之韆，仿躚簡成跹之先例，該簡成鞋吧。否。他煩了，寫成秋千了事。

躊chóu字簡成踌字。同例，幬簡成帱，儔簡成俦，懤簡成懤，籌簡成筹，鑄簡成铸，濤簡成涛，燾簡成焘，禱簡成祷。簡言之，壽簡成寿。甲骨文尚未造長壽的壽，但已造田疇的疇。甲骨文疇象耕田留下的犁溝之形。農夫扶犁，耕牛在前面拉。犁鏵破土前進，留下犁溝。抵達終端，回頭另起一行，破土前進，又拉回來。一往一來，直到方田耕盡，而後完工。看那犁溝，一去一回，一回一去，反復往來，其跡不斷，好長好長。金文據此犁溝之象，上加老，下加口和寸，造成壽字。周朝的人用犁溝作意象，造此壽字，顯示其奇妙的想像力。一旦簡成寿字，趣味全消。

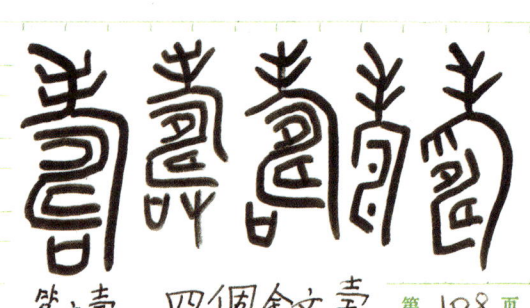

零五五· 絲木為樂鄭與闞

樂字簡成乐字。簡言之，就是樂字簡成乐字。樂聲之字，鑠、櫟、濼、爍、礫、轢一起被簡。樂字本義必指音樂，斷無疑問。甲骨文樂字從絲在木上。絲絃架在木上，應指古琴。音樂無形可睹，不得不用樂器象意。聞音樂而喜歡，所以樂yuè又可以讀lè，快樂。這個讀音後來由luo轉成了po，所以金文樂在絲中嵌個白做聲符，說明樂可音po。山東梁山泊，洽切作濼po。

篆文樂　金文樂　甲骨文樂

古今音變，學問深沉，但是樂字初義指音樂却無疑。一旦簡成乐了，字形就不能拆解了，字義隨之亦模糊了。例外的是從草樂聲之藥，他却不簡，甘脆滅了，以药代之。學簡化字，要死記那些"例外"。

闞字簡成闞字。簡言之，就是門字簡成门字。從門之字甚多，皆被簡了，沒有例外。簡字门很可笑，祇見門框，未見門扇。門而無門，門哉門哉。

字象形，一瞥即知是雙扇門。單扇門稱為戶。兩個戶字湊成門字。先有戶字象形，後有門字象形。從甲骨文門到正字門，三千餘年都象形。簡成门了，不再象形，失其存在意義，留着也沒用處。回頭說躥lin，吾蜀音liɑn，義為踪踩。

篆文門　金文門　甲骨文門

農婦管束小孩："不許到菜園地裏去躥。"躥字從足藺聲，純形聲字。藺字從草閵聲，燈芯草也。閵字從隹門聲，鳥名，音lin。拆解到頭，門祇是起聲符作用而已。

簡字　正字

躥字簡成踩字。簡言之，鄭字簡成郑字。你別想當然，以為奠字簡成关字了。奠仍是奠，他却不簡，照舊。因為關字已經簡成关字了，先佔用了。簡字郑和簡字关很容易被學童誤認為是同音字，因為交和郊、方和邡、烏和鄔、君和郡、眉和郿、焉和鄢、庸和鄘、善和鄯、豐和酆等等都是同音字嘛。還有，奠不簡，酋也不簡。進而遒、蒨、蝤都不簡，鰌也祇簡魚，作鰌。可是，偏偏是猶跎不脫，要簡成犹，他才看着順眼。誰簡誰不簡，得順着他的脾性。

零五六・婿成女性碍成得　流沙河

婿　壻
簡字　正字

壻字簡成婿字。婦稱其夫為夫壻，岳父稱其女之夫為女壻。壻字左旁從士，士指成年男性。右旁從胥，胥亦聲。古代官府小吏稱胥。吃皇糧的乃女壻之首選，自古已然。壻是正字，不能尾隨流俗寫成婿字。婿字可笑。明明是男性是成年，哪能寫成女旁！

碍　礙
簡字　正字

礙字簡成碍字。看似疑字簡成尋了，其實不然。疑還是疑，未簡。祇是用形音義不相干的尋（得）去頂替罷了。這疑字很有趣，看甲骨文是一拄杖老叟走在路上（字從行省），張口問路，顯然是有疑惑，迷路了。金文腳下加止，停步不前，左旁又加牛做聲符。牛疑雙聲可轉。到篆文改用子做聲符。子古音倪。李字不是從木子聲嗎。左旁錯把張口老頭兒寫成人字和矢字了，錯得不可解了。雖然錯了，尚可追查真相，總比不可解之簡字尋好。礙，

篆文疑　金文疑　甲骨文疑

《說文解字》："止也。從石疑聲。"阻礙之義從止步來。止步不走，由於問路，心頭拿不穩，有疑惑。從石，石可阻塞道路。環環緊扣，這礙字造得好，簡成碍沒道理。順便說這导字。最早的得，看甲骨文，右手得貝，就是得錢。後加行省，路上拾得。篆文右手寸口穴位加一點成寸，仍是伸手拾得。據古人說寸表示法制，是交給警察叔叔吧？路上拾錢和簡字碍到底有啥相干，想不明白。

得 得 得得
篆文得　金文得　兩個甲骨文得

疎　疏
俗字　正字

疎是俗字，取消不用，本人擁護。正字疏左旁是足，做聲符用，是音shū。俗字疎則左右皆聲符，不通之至。前是塍字，從士胥聲。胥字從肉足聲，應該讀音同疏。古人嗜胥sū，胥即肉醬。肉類斬細，拌以調料，密閉罌藏，日久解散成糊，味鮮美。胥sū遂有了解散一義。諸如桃酥、酥糖、酥魚、油酥果子，乃至"全身酥麻了"，都皆應使用胥字。酥則指酴酥酒，非疏鬆入口即化之食品也。《說文解字》無酥有胥sū。

零五七. 指甲非叉只乃隻

中國作家協會四川分會

叉字簡成叉字。事情鬧大了。叉cha字義為扠開手指撈取，叉字義指手指甲，兼及腳趾甲，音zǎo，形音義皆有異於叉。根本是兩個字，怎能混之成一，當作一簡一正？拉郎亂配，壞了文字規矩，惡果堪憂。篆文叉字從又，又象右手之形，五指省成三指。吾人打架，先擋左手防禦，後出右手攻擊，所以右手之又成為再次之叉。篆文叉的五指之端即指甲也。跳蚤的蚤，從虫叉聲。他把叉字簡成叉字，形音義全篡改，等於滅了叉字，害得蚤成了蚤，從虫叉聲，該音chā了。同時，搔騷也成了搔騷，騷更簡成骚，完全亂套了。

篆文叉　金文叉　甲骨文叉

隻字簡成只字。正字隻從隹，隹篆文象短尾鳥形，從又，右手捉住此鳥。一手捉住一鳥，所以說一隻鳥，鳥以隻計。兩隻自然寫成雙字，簡成雙字。雙已簡化了，不能再簡了。把雙再簡成双，便無道理。因為這個

第 113 頁

二又之双與雙字不相干。双字二又，兩人同舉右手互相招呼，所以這是友字。不是我要這樣強說，自古以來，甲骨文和金文就這樣寫友了。到篆文，二又平列改作疊加，終於定型成為正字之友。考慮到古今字形的演變和繼承，所以不應該把雙字簡成双字。何況吾人所謂雙手者，一左一右之稱也。而双字兩隻皆右手，一隻是我的，一隻是你的，計數雖為二，却不能稱雙。雙說了，再說隻。隻不能簡成只，是因為這個只也是正體字。認只須先認尺。尺字象形。請你張開右手虎口，食指在前，拇指在後，拃量桌面。此時低頭側視，你會看見手勢成尺字形。男子一拃zhǎ，蜀人叫一卡qiǎ，長度正是古之一尺，今之五寸。尺古音qiǎ。女子手小一些，一拃僅有古之八寸，今之四寸，謂之一只。只字同樣象形，正是女子拃量手勢之形。只又訓僅，原因在此。作為長度單位，只寫成㞚，義即小尺，八寸。《說文解字》尺只二字都說錯了。明白只字來由，你就曉得為什麼隻字不能簡成只字了。

零五八·筆笔書书畫劃界

流沙河

中國作家協會四川分會

笔 簡字 **筆** 正字

筆字簡成笔字。簡字笔從竹從毛，祇能是毛筆。今人多用硬筆，不須用毛製作，所以筆不該簡成笔。最早的筆字就連竹頭也沒有，倒更好些。字本作聿yù，用木作桿。後改用竹，加個竹頭。吳國人把古代書寫工具叫作"不律"。秦國人拿去，改良用竹管，又將"不律"拚音成筆。甲骨文和金文所見，右手握桿，下端圓桿束毛成錐，蘸墨寫字。木桿改成竹管以後，毛錐納入管內，所以篆文毛錐中加一

兩個篆文筆　金文筆　甲骨筆

橫，表示此處以上納入管內。筆字的每一劃都有來頭，簡成笔字就沒有了。不但損失歷史文化內涵，而且可能被誤解為"毛竹"。毛竹又名楠竹，高大，圓筒形，產於長江流域山區。

书 簡字 **書** 正字

書字簡成书字。簡字书從草書借來。草書與正字，各走各的路。借草入正，便亂了套。正字書從聿（筆的前身），字義為書寫，非book也。下面的曰其實是者之省

，而者又是煮字古寫。書用煮做聲符，可知古音讀如著你的著zhù，後轉為今音shū。篆文書，上部是聿字，下部是者字。者的篆文有趣，下面大鍋盛水，鍋蓋密閉，蒸氣四溢，濺起水珠。後來者字拿去做了虛詞，之乎者也，才漆火，變成煮字。甲骨文書，其字從口，乃知古所謂書，就是口授筆錄。《尚書》正是口授筆錄之作。看這書字，古今演變多有意思，簡了豈不可惜。

篆文書　金文書　甲骨文書

畫字簡成画字。看篆文，畫指田畝劃界，原非繪事。但也用筆，與書相似，所以連稱書畫。為了保留書畫二字之相似性，用以啟發來者，我看畫字還是不簡為好，雖然舊社會早就有簡字画了。金文畫早就是劃田界和丈田畝了。那個兩拐交叉之形，正是古人丈量田畝用的丈弓。丈弓兩腳跨幅一丈，故名。周代一丈合今五尺，即170厘米。先要丈量田畝，計算面積，然後劃定田界，方不致訟。由劃界而繪事，也就是由實用而藝術，文明之日臻矣。

簡字　正字

篆文畫　兩個金文畫

零五九·刀劃槳划隶非隸

划 簡字　**劃** 正字

劃字簡成划字。劃字從刀從畫，畫亦聲。劃字義為用刀尖刻畫。用刀尖刻畫有異於用筆尖描畫，所以在畫字之外又造此劃字，好分工嘛。

小說描寫人物音容笑貌，謂之刻劃人物，蓋以木刻比喻紙描也。描字紙上，一筆謂之一劃，亦借喻於刻字木上也。劃西瓜劃甘蔗，皆用刀分開。劃時代，劃成份，劃清界限，劃定範圍，雖不用刀，但亦強調分開，所以該用從刀之劃。刮劃，規劃，策劃，計劃，必須條分縷析，所以也該用劃。劃既不能一簡成畫，二簡成画，更不能簡成划。划字晚出，但亦正字，用於划船。划字從戈，並非動武，○○比喻罷了。戈，平頭戟，用於向橫劈殺，向後鉤殺，相似於搖槳的向橫擊水，向後撥水，所以字從戈。划撥物資，划得來，皆從搖槳取撥水義，與劃分不相干。

驭 簡字　**馭** 正字

馭字簡成驭字。馬字簡成马字，使一大批從馬之字受損。英駿之馬被他簡得沒臉見人，沒腳跑路，一副呆蠢之相。你看看篆文馬，鬃鬣飄逸，騰躍生動，多麼可愛。到正字馬，英氣猶存。馬字十劃簡成三劃，得少失多。回頭說馭，從又從馬，字義為控制馬。又本字指右手，用在馭字表示用手控制而已，不必問其用左手乎抑右手乎。古籍用御字，屬同音借用。控馬之事，應該用專字馭。早在甲骨文就有馭字了。

篆文馬　甲骨文馭

隸字簡成隶字。不能這樣簡，這是兩個義雖近而讀音不同的字。《說文解字》隶，徒耐切，音義皆同逮dài，逮捕的逮。金文和篆文隶，右手捉住尾巴，逮到一隻獵物，是象意字。尾字下部在古文字並非從毛，乃是象獸尾形，正如在篆文和金文所見那樣。隶dài 拿去做隸的簡字，所以讀音也被他由dài 改成lì，以便同隸lì 保持一致。用行政命令的辦法改變讀音，不合學術規則。隸字本義指奴隸。字從隶，表示這一類人是捉來的（俘虜為奴）。左旁柰做聲符。柰，落葉小喬木，花白，果小，為林檎之一種，蜀人叫花紅果，北人叫沙棠果。

篆文隶　金文隶

零六零. 洗碗為盡丑不醜

盡字簡成尽字。簡字尽從草書借來。拉草書充正字，亂倫惡搞，堅決抵制。正字盡逗引我仰天一笑，心想："我們的老祖宗有怎樣奇妙的形象思維啊，有怎樣的機智的詼諧啊！"用end做題目，叫他們來畫畫。哈，畫出來了，手持毛刷，正在滌皿。古稱滌皿，今曰洗碗。你來遲了，佳肴已盡，在洗碗了。從甲骨文經金文到篆文，直到正字，這盡字為多少個朝代送了終，而其自身長壽無盡，微笑望着我們。反觀那簡字尽，不但形象思維沒有了，詼諧也沒有了，而且不可解。誰能回答我們，尺滴兩點就end了？金文盡有趣，毛刷壓彎了，表示滌洗用力。正字盡，毛刷變分又和兩點水錯成四點之火，不通。

篆文盡　金文盡　兩個甲骨文盡

醜字簡成丑字。醜字從鬼，是說面貌難看，像鬼一樣。酉是聲符。丑醜音同，字義迥異。丑是古代繫囚用的械具之一。不是腕銬，而是指銬，銬在囚徒手指上。又名指械。今之金銀戒指是其遺制，算是賊為貴用。另有拶zǎn指，雖亦套在指上，但是屬於刑具，非指銬也。古文字丑象形，右手指頭被銬，以折線表示之。篆文以直線貫三指，更易看懂。舊時戲曲，角色有生、旦、淨、末、丑五類。丑又稱小花臉，粉墨扮相難看，字本作醜。戲業人員嫌醜字有鬼旁，怕不吉祥，改用丑字。天長日久，人遂認丑作醜字講，把代用品當作正品。現在該各歸其位了。

篆文丑　金文丑　甲骨文丑

戲字簡成戏字。正字戲從戈虚聲，義指軍旗。戰場上搖軍旗以指揮，所以又名麾。軍旗之下又叫麾下，將軍在焉。練習作戰，搖旗吶喊，變成演出，謂之戲豫，後來就叫遊戲。戲字聲符虚字，虚從豆（盛肉食器）虎省聲，本音hū，轉成xī。可知虚字表音，亦有用處，方便了"認字認半邊"的人。現在嫌筆劃繁，他把聲符砍掉，以又字頂替之。他用此法砍壞了十餘字，如圣鸡难汉邓变聚树劝欢艰观等等，我不必一一說。留下一個对字，還得說說。

戏　戲
簡字　正字

零六一·對 設業版尋量蓆

对　對
簡字　正字

篆文對　兩個金文對　兩個甲骨文對

對字簡成对字。对字無解，圖個方便罷了。正字對從寸從業省，義為設置業版，是個動詞。何謂業版，請詳說之。商朝領域之內，有轄許多小國，近似地方自治。小國之間，劃界而治。國界關口，雙方各設業版作為分界標誌。所謂業版即區牌之用於識別者。區牌豎立界上，各國豎各國的，彼此相向，警示鄰國，勿得侵犯邊境。這種關口區牌，上覆檐板。板緣鏤刻成鋸齒狀，《說文解字》所說的"丵嶽相並出"之形。看甲骨文對，左旁業省（省掉業下之木）。部上嵯峨並出，正象檐板邊緣鋸齒之形。檐板下倒三角形是區牌。牌下豎三角形是土的象形字，有者意為豎立地上。金文有省掉土的了。界上兩國所豎區牌彼此相向。設置牌區之動詞對，由此孳生出對照的意思。到了篆文，左下加口，又孳生出對話的意思。正字對去掉口，用於對照、對立、對應、對方諸詞。對字右旁從又（右手）變成從寸。寸，人手腕之寸口穴也。切脈診病，以寸口為常法。對字從寸者，依法設業版也。對簡成对，損失多。

寻　尋
簡字　正字

尋字簡成寻字。尋字本義當從字形求之。看甲骨文，字形應是橫展兩臂度量臥蓆之長。成人橫展兩臂，長度等同身高，正是今之五尺，合漢代之八尺，舊小說說身高八尺是也。舊制"八尺為尋"，可知尋字本義正是展臂量長。蜀人一展臂叫一捭pǎi，口報數稱一捭，兩捭，三捭。甲骨文尋有從口的，口報數也。又有臥蓆側視成一線的，到了篆文，一線上下加橫，變成從工。篆文左上角加三撇做聲符，音shēn，後轉今音xún。

篆文尋　　三個甲骨文尋

今人說的尋找，意即用展臂量長的方式順次找下去。篆文尋從又變成從寸，亦取寸口切脈為法，闡明八尺為尋，倍尋為常，這是法制。順便說常，常裳一字兩寫，古之裙也，用布需漢代之一丈六尺，正是二尋之長。正字尋，上一手，下一手，表示展開兩臂（寸亦手也）。其間工為蓆之側視，而口用來報數，聲符就取消了。象形象意，字義賴此溯源，窺見古人怎樣思維，妙哉。字形勻稱耐看，一簡就不耐看。空餘上下二手，誰知在做啥事。

零六二·陀螺紡專導正道

专 簡字　**專** 正字

專字簡成专字。草書混入正字，亂了倫常。正字專古文字象用手撥動紡錘之形。遠古手工拈紡麻類纖維成線，左手舉提麻線，右手撥動紡錘。紡錘旋轉，麻線便在轉軸上端糾合而成，工效極低，婦嫗為之。紡錘之制，陶輪圓心有孔，套在鐵軸上面，儼然一具陀螺，非常原始。陶輪紡錘古名紡專。專謂其旋轉也。舊時居家婦女拈紡棉線，輪軸俱鐵製了，形制與古不異。甲骨文專，陶輪本該平置，鐵軸垂直穿過。但因造字構圖困難，不得已畫成了菠蘿形，讓後人看不懂。軸端三股纖維待紡成線，左手就在畫外舉提着。右旁右手正在撥轉陶輪。

篆文專　甲骨文專

到篆文專，右手變成從寸，意思不變。玩陀螺的知道，當快速旋轉時，軸指固定方向，所以飛機用陀螺儀定向。由此孳生專一、專心、專業諸詞。從甲骨文專到正字專，三千多年之承襲，尚一目瞭然。簡成专字，喪失象形和象意的功能，使可睹的文化內涵全部隱沒，無法講解。加以字形不類，兩個大拐彎很不美，太生硬。

將 將
簡字　正字

將字簡成将字。正字將左旁爿(牀)做聲符，右旁是手持肉。看篆文將，左旁象臥牀之側視，右旁之手持肉更易看個明白。肉字象豬腿形，代表一塊熟肉。手持一塊熟肉，大概是餐桌上進獻長輩，或許是宗廟裏供奉神靈。將jiāng字的初義應該是奉獻，後來用於將要、將就、將息諸詞，就多義了。若讀jiàng音，從手持生出義，便有率領(軍隊)的意思了。簡字将，聲符爿變了形，看不出是牀了，肉變成夕，是說夜晚動手嗎？

篆文將

导 導
簡字　正字

導字簡成导字。正字導從寸，表示遵守法則，方能引導他人走上正路。道是聲符，但也參與字義。因為道路的道，名詞的道，作動詞用，便是導引。導引的導，蜀人讀tào，尚守古音。簡成巳寸之导，無理可講。《說文解字》說巳字象蛇形。從蛇亦生發不出導引的意思。又，他已把異字簡成异了，導字又簡成导，而不考慮导异形近，容易互混致誤。

零六三·采採樹葉爲馴象

采 簡字　　採 正字

採字簡成采字。先有采字，後有採字。古代採花採果都用采字。《詩經》采字多見，絕無採字。采採爲古今字。甲骨文早期的采字給我一大驚喜，此采既非採花，亦非採果，是採樹枝尖上的嫩葉。菜字好懂，從草，採摘園蔬便是菜了。而這個甲骨文竟然是手爪摘樹葉。推想遠古，尚無園蔬之藝，一定普遍採葉佐餐。忽然憬悟，華北平原現代仍在採摘榆芽、槐芽、柳芽、椿芽，長江流域也採茶葉，何必驚訝。造字過程，能簡則簡。三張嫩葉不便書寫，

篆文采　金文采　兩個甲骨文采

終於簡掉成采。正字採加提手，用於採摘、採集、採購、採納、採訪等等方面，而把采字留給采邑、采地、采畿、采任、采女、文采、神采、豐采等等使用。用字遣詞，分細些有好處。胡亂合併，以求簡約，開倒車了。所以，采採二字都應該是正字。左旁提手動詞之字多如過江之鯽，何必獨與採字爲難，將其置之死地。此外，色彩的彩，彩色絲織品的綵，亦應分家，各立門戶，皆承認爲正字。

为 爲
簡字 正字

爲字簡成为字。爲，變體作為。解說這個爲字，《說文解字》許慎老夫子瞪目細察篆文爲，看不懂象何形（物之），遲疑未決。又去請教另一位文字專家王育。王育說，其上部似爪者非爪也，那應是象母猴形。又說，如果這樣寫，就是兩隻母猴面對面了。許慎不同意，說，我看那爪確實是爪，爪下之物是一隻母猴，母猴愛搔癢，所以字從爪。這樣就定下來，爲者母猴也。到了清朝末年，殷墟甲骨出土，真相大白。看甲骨文，手爪抓住長鼻之獸，認出此字下部是象，上部從爪，表示人手馴象，用象做工。難怪爲就是做啊。

篆文爲 金文 甲骨文

篆文爲字爪下是長鼻和眼睛以及耳朵，更下是四足一尾。許老夫子雖是文字學的開山大師，但他未見過甲骨文，所以據篆文誤定爲愛搔癢的母猴了。漢代說的母猴就是沐猴，俗呼馬猴。母，沐，馬，一音三寫，非關牝牡者也。為了保留這則嘉話，應教學童識正字爲，兼肯且猜篆文爲象何物。爲簡成为，早在舊社會就這樣簡寫慣了。是從草書來的，要不得。

零六四·爯魚草裙三隻手

中國作家協會四川分會

称 (簡字)　**稱** (正字)

稱字簡成称字。稱字之前，早在甲骨文就有爯字了。甲骨文爯，上是手爪下是魚。提起一條大魚，用手掂估重量，這就叫爯chēng。後來交易頻繁，發明名叫秤chèng的衡器，數星點報斤兩，以代替用手掂估重量。用秤爯糧食，所以爯加禾旁作稱chēng。稱物必須用手提舉起來，所以擡高誇獎謂之稱讚。我堅信甲骨文爯手掂的是一條魚，而非冉字。這條魚至今還躲在衡器的衡字裏。童年見人捕得大鱘有，興奮喊叫："快拿秤來！"乃知古今人情不遠。稱簡成称，不妥。尔為爾之簡字（爾草書作尔），怎能拿去代理爯字？稱字從禾爯聲，能改成爾(尓)聲嗎？還有個儞字呢，也跟着簡成你嗎？

篆文爯　金文爯　兩個甲骨文爯

尔 (簡字)　**爾** (正字)

爾字簡成尔字。早在金文就有這樣簡的了。先秦經典不接受簡字尔。《詩經》爾字甚多，無作尔者。古人借爾（古音nǐ）作第二人稱用。例如《詩經·衛風·竹竿》："豈不爾思，遠莫致之。"就是豈有不想你的，路太遠了，沒法。爾字後來寫成尔字，乃從草書變來。北宋柳永添人旁作你字，詞云："衷(為了)我一生心，負你千行淚。"我要說的是古人造爾字，並非用於第二人稱（人稱代詞俱無專字）。爾字從亦（腋），表示上身裸裎。下身圍着草裙，象形。草裙是爾字的本義。草裙粗疏多孔，如窗櫺之麗廔(lílóu)，所以名爾㹽。經典裏查不出用其本義之例。但觀篆文下部四乂與爽同意，便能聯想其所指了。爾簡成尔，文字失去線索，永難追溯其本義㹽。

篆文爾　金文爾　甲骨文爾

孚字和爾字一樣也從爪得義的。《說文解字》解孚字曰："五指取也。"準確簡潔，令我欽佩。荒年饑饉，偷稻穀，左握稻稈，右(手)五指抹取穀粒，一孚而下。賊奪腕錶，

俗字　正字

也是五指一孚而下。孚是正字，篆文看得明白，上爪孚，下(手)握，已經兩隻手了。俗字妄添左旁提手，三隻手就大不通了。本來是專門說簡字之無理的，亦不妨順手掂出俗字說說。

篆文孚

128

零六五 · 异異弃棄糞供田

异 異
簡字 正字

異字簡成异字。异字《尚書》早就有了，並非異的簡字。字義 (為舉,也) 不相同，不能拿來頂替異字。古文字異象形，頭上頂戴重物。《孟子》談仁政，勿讓老年人"負戴於道路"。負是背負，戴是頭頂。異戴二字義近，古音可通。後來背負肩挑漸多，頂戴漸少，偶然看見，感到奇怪，乃有"奇異""怪異"之說。歲月既久，異字本義被人遺忘，遂以同之反義釋異。幸好字仍象形功能，尚能依稀彷彿古代真相，追查清楚異字本義。一旦簡成异字，風箏就斷線，找不回來了。

篆文異 金文異 兩個甲骨文異

龚 龔
簡字 正字

龔字簡成龚字。龍簡成龙，加兩撇成龙，指毛狗，去三撇成尤，指龍，真莫名其妙。既美化為中華圖騰，地位卻在犬鼠之間，教孩子們怎樣理解？龔字上下勻稱，受看。龚則上下不勻稱，不受看。我個人不愛龍，但我承認龍字好看，且知其字形來自甲骨文，蘊藏着古文化，簡不得。

棄字簡成弃字。弃字早在《左傳》就有了，本非簡字，應是棄字異體。捨棄之義，見於字形。甲骨文是雙手端⬛⬛箕倒掉小子。篆文是雙手握⬛耙推掉⬛小子。此子倒置，可能表示死嬰，也可能表示忤逆人倫，⬛逐出家庭。本指捨棄小子，泛用之則捨掉諸物皆用棄了。至於弃字，字形仍是雙手棄掉倒置之子，但無堆器，也可能被誤看成是收納小子。所以請求仍依舊例，棄作正字，弃作棄的異體。

弃 簡字　棄 正字

篆文棄　　甲骨文棄

糞字簡成粪字。看篆文糞，從下而上，⬛雙手握耙推掉排泄物。排泄物象形⬛困難，⬛用米字變其形，⬛⬛⬛代替⬛，篆文隸變楷書作米田共，便與篆文脫離關係，當另解之。解曰：供肥田之排泄物也。既然這樣解了，中間那個田字就不該簡掉了。又，簡字粪東洋人以為是指美共，玩笑就開大了。

粪 簡字　糞 正字

篆文糞

零六六·釁祭廚竈與打牙

釁字簡成衅字。他定的這個釁字筆劃寫錯了。他把上部錯寫成與字頭了。正確寫法請看下面，其字作釁，上部和他寫的那個不同，要少二劃。釁 xìn 字義為祭竈。舊時臘月二十三夜家家户户都要祭竈，燃香點燭，焚紙錢，燒紙馬，供鹽茶米豆，用飴糖塗抹竈孔門。古代殺牲，用血塗抹。萬物有靈，竈也嗜血。釁字由上看下。兩手舉蒸盆上竈頭。其下竈體。又下從酉，象酒罐形，祭用酒也。再下從分，分割牲以取血，祭用血也。這個字的結構嚇人，學童見了鼻頭冒汗。雖然面目可畏，但他能夠向你講明道理，為自身的多件器官作無罪的辯護。你找不到正當理由判他死刑，用簡字衅去頂替他。回頭說古人迷信萬物有靈論，不但廚竈，便是鐘鼓戈矛、弓弩、鼎鬲、舟車、宫室以及種種大器名器，都要血祭，用牲血塗抹在器物的罅隙處（罅隙好比器物的嘴巴嘛）。古人借得牲血釁竈之釁，拿来釁鐘釁鼓，釁各種器物。當然，同樣用血塗在罅隙之處。此後便有了挑釁這個詞，意即專挑罅隙找岔。

子，蜀人説的"白肉生疔"，北人説的"雞蛋裏挑骨頭"。簡字鮮見《禮記·樂記》，義與釁同。鮮字簡便好寫，但不好講，無法為自身之存在作有理~~的~~辯護，不足取。

興字簡成兴字。簡字兴有六劃而無一筆相交，離皮離骨，鬆鬆垮垮，勢如危字懸樓，快要散架，看了教人疑慮。習字講求結構緊湊，都曉得簡字兴不好寫，而正字興好寫。~~~~興即今之夯字。古文字興，要從空中向下俯視，方能看懂是在幹啥。原來是兩人面對面打夯。舊時建房，用石夯築地基，夯緊夯平，方能起屋。石夯~~型~~制，兩根擋棍夾一石柱，細繫便可。甲骨文夯，祇畫兩

篆文興　金文興　兩個甲骨文興

雙手，代表二人對面站立，一齊擡起來，一齊擲下去，築地有聲。有加口者，喊號子也。前輩文字學大家皆説是衆人在舉帆，不像在下幹過苦活，所以都想不到是在打夯，而且祇有二人。你會有疑問：興 xīng 夯 hāng 音不同呀。答曰：可通。你看行字，通行實行很行音 xíng，銀行排行外行音 háng。一字兩音，可通。又，打夯擡起~~~~，故~~~~興起；先起後落，故曰起興(《詩經》之賦比興)。

零六七. 輿是板車与與舉

輿 簡字　**輿** 正字

輿字簡成與字。車簡成车,無理,前已說過。從車之字莫不遭簡受損,不再一一說了。篆文車象輪形,一軸貫之,軸兩端各有轄。此字蓋以一輪而象全車,以局部象整體,大智慧也。輿可能是載貨物的平板大車,四輪,前挽後推,用人甚多,皆苦力也。人分十等,這些苦力被列入第六等,被呼為輿,地位卑下,比僕還低。他們偶有說三道四,就叫輿論。古書上說的"杯水車薪"和"不見輿薪"便屬於這類車吧。看篆文輿,一人挽一人推。以一當多,好造字也。輿本指大車的平板。後來平板上面豎起車廂,車廂跟着也叫輿了。大地謂之輿地,舊時地圖叫輿地圖,仍存平板古義。

篆文輿

与 簡字　**與** 正字

與字簡成与字。其實与字也是正字,而且古已有之。与和與之間不存在簡體和正體的關係。与與二字之間唯一的關係是與字用与字做聲符。與字上面兩手聯合下面兩手,共同運作,生發出相與、參與、黨與諸義,又作介詞如你與我。与字則無上列諸義,亦不作介詞用。篆

第133頁

文与象形，一勺液體。勺即瓢。一字兩寫，前者象形，後者形聲。勺所盛一也，水平線表示液體。若是酒，便敬与客人。若是粥，便施与貧家。与，今曰給，或給与。与和與應該各立門户，各乘字義，都作正字。字不相同，義不相同，不能合併。

篆文與　篆文与

舉字簡成举字。注意，前面與簡成兴，這裏舉簡举，成兴字頭了。他全不顧與非興啊，居然簡成同一個字，好比兩人死了變成一個鬼。看篆文舉竟然有五隻手，其實不然，祇有下面中間一隻手。餘下部份是個與字，做聲符用。與yǔ古也音jǔ。《禮記·禮運》："選賢與能，講信修睦。"與要讀舉。選舉連詞由此出焉。看清篆文舉所從之手字，象形，五指。左手右手俱有專字ナ(屮)又(又)。專字之外，再造一個概念廣泛的手字，而不問其是左是右。凡需動手去做，都用這個手字。集體推舉也好，個人舉重也好，舉字都從這個手字得義。舉字從手與聲，祇有一隻不分左右的手參與字義。

简字　正字

篆文舉

零六八·轟轂手擊執銬腕

擊字簡成击字。正字擊從手，義為扑打，敲打，攻打。轂是聲符，音jī，但也參與字義，所以還須說說。古代車戰，雙方高速互相對撞車軸端的轟頭，目的是要撞翻敵車。車軸伸出輪轂以外數寸，用鐵包裹堅固，謂之轟頭。看篆文轂jī，軸端似口者便是轟頭包鐵的象形，用此處去對撞。轂字右旁殳shū，一種長鏈錘兵器，車上戰士持之。可知轂字義為用車撞擊。如果用手，就是擊了。造字之法，如建文字樓房，層層疊加，所以可供考察歷史之用，讓今人瞭解古代之真相。現代戰爭，遙擊殺敵。擊簡成击，古代車戰之法，就很難從文字去追溯了。還有，認得正字擊後，義指磚坯之墼jī便易認了。字既從土，捶擊泥土，壓擊泥土，不就成磚坯嗎。

摯字簡成挚字。執簡成执，便掩蓋了文字裏隱藏的真相，須先說之。古文字所見執，不是今之執行、執掌、執照，而是捉拿罪犯。執字拆開，左旁是銬雙手的械具，右旁是可憐的罪犯。甲骨文執，罪犯雙手被銬，跪在那裏。那一副械具是木製的，兩端尖成梭形，上下開兩片疊合而成，雙手夾在其間，兩端皮繩細繫之使不可脫。金文械具脫離雙手，而在罪犯雙腕上加杠，表示銬住。

由篆文到正字，變成幸丸二字組合，已莫名其妙了。再一簡，遂完全無解，幾不可追溯其真相矣。執字原義罪犯雙手被銬，下加一手成摯，字義轉為二人聯手，關係緊密。

執 朝 朝 朝
正字 篆文 金文 甲骨文

罪字簡成罖字。這樣一簡，澤譯驛繹懌跟着簡成泽译驿绎怿了。前面說到銬雙手的械具名幸niè（並非幸福的幸，音義同籥），現在要說幸niè上加目成罪yǐ。《說文解字》："罪，司視也。令吏將目捕罪人也。"

罖 罪
簡字 正字

可知漢代有專職盯梢的暗探，被稱為罪。法吏帶着罪員去逮捕人。請將罪字的篆文和金文同執左旁的古文字相比較，便知罪就是眼睛盯住一副名叫幸niè的銬腕械具，而械具在這裏代表罪犯。原來盯梢之徒古已有之，罪字作證。《新華字典》不收罪字，簡成罖，也不收。

罪 罪
篆文罪 金文罪

零六九·亂乃治絲隱非急

乱（簡字）　**亂**（正字）

亂字簡成乱字。簡字乱從舌guā，該怎樣解？由於他已經把口舌的舌（上千于下口）誤定為上千下口，人將以為乱自口出，豈不搞笑？且說正字亂吧。亂字難說，因為前輩文字專家權威認定，亂訓治，反訓也。在下今有一得之見，請教方家。亂字義為治絲，殆無疑了。治絲過程，請簡述之。先要煮繭，抽出細絲。細絲掛上繅車，收攏取下。然後晾乾，鹼練脫脂，以便染色。染色之後，細絲掛上絡絲架子（雅各曰楠ní），隨即攪施籰子轉動，致使多股細絲在絡絲架子上糾合而成絲紗，收繞在籰子上。這樣便紡成了。看篆文亂，右旁是治絲人，左旁是雙手在絡絲架子上操作，使細絲紡成紗。架上的啞鈴形，看金文亂你就明白那是正在被紡的絲。把多股細絲糾合成（紡成）一條絲紗，這就叫亂，動詞。舊時湖湘鄉下人搓麻成線，謂之亂麻，正用亂之本義。擴而言之，男女糾合，你中有我，我中有你，謂之戀（舊時三晉文化人讀luàn音）；男男糾合，謂之孌；胎兒雙生，謂之孿。蜀人謂兩人相好，曰絞得緊，即糾合也。周武王說："予有

篆文亂　金文亂

亂臣十人。"亂臣就是君臣如魚得水，關係"絞得緊"也。亂與戀孿䜌義相近。多股細絲合成一線，對人而言是治。亂之所以是訓治，不由於反訓。若對每股細絲而言，則是頭緒被混亂了。這樣，亂字便有消極的意思了。簡字乱裏找不出前述的諸多意趣。同樣，辭簡成辞之謬,不諠明。

隱字簡成隐字。他把𢡷yin簡成急了。學童容易誤讀簡字隐音同急，想到因著急而隱藏起來。須知隱字左旁包耳本是阜字，義指山坡梯級，右旁𢡷聲。隱是形聲字。他那樣簡，等於偷換聲符，誤導學童。隱從𢡷得聲。𢡷字義指謹慎，穩重。𢡷又從心爫聲。篆文爫yin象意，雙手代表兩肘，憑靠在橫杠上（工即杠）。《孟子》《莊子》都有"隱几而臥"，隱几即爫几也。爫几，兩肘凭靠桌上。而爫則是兩肘凭靠橫杠。登樓凭欄，乘車凭軾，都是兩肘凭靠橫杠。可見爫𢡷隱穩都簡不得。更可笑的是他把爫簡成刍了。也不想想這刍是他自己給刍造的簡化字呀。經他這樣一弄，凭杠的動詞又變成餵牲口的草料了。芻字象形，是兩網草。芻簡成刍，你把刍字看一萬遍也猜不到原來是豬吃的。

簡字 隐　　正字 隱

篆文爫yin

零七零·启啟数數敵厘釐

启 啟
簡字　正字

啟字簡成启字。簡字启甲骨文早已有了，義為叫開單扇的戶，所以從口。戶象單扇門。門象雙扇門，由兩個戶左右拼合而成。戶外有人叫，就開了。後來文字進步，启旁加反文。所謂反文，乃是扑字，加在启旁表示動手開門。所以正字啟較之簡字启象意更準確，取代了启字。這是文字進步，不是統治階級有意為難勞動人民。現今倒退回去，甚是無理。何況簡字启形體不耐看，比正字啟差遠了。再說，右旁從反文(扑)之字甚多，簡此而不簡彼，亦説不出道理。

篆文启　甲骨文启

数 數
簡字　正字

數字簡成数字。婁簡成娄，無非是女字頭上由口口二字置換成米字而已，有何不可？曰，萬萬不可。須知女人頭上非由非口，看籀文和古文方知曉那是竹簍和墊圈，頂戴在女人頭上。原來這婁就是今之簍字。女頭頂簍，屋上叠樓，具相似性。數，動詞，此字從反文(扑)，統計物件要動手指頭點嘛。左旁婁是數字的聲符，古讀sóulóu，有複輔音。後分化為數 sǒu 婁 lóu 干音。數簡成数，女頭撒米，莫名其妙。

敵字簡成敌字。簡字敌，舌音kuò，而非舌頭的舌，不能做聲符，放在那裏有啥用？不通。正字敵，看了篆文方知從攴（扑）啻聲。啻又從口帝聲。正字敵從扑啻省聲，看其字形而知讀音，比簡字敌好認。簡字敌讀音須死記。敵字晚出，甲骨文和金文都未見，《詩經》裏也沒有。敵與的，音相同，義相近。的指箭靶之心，敵則泛指對立面也。

釐字簡成厘字。釐字兩音，一音lí，一音xī。若簡成厘，用作度量單位，那就祇存一音lí了。自古迄今，傳承之用來的兩音勢將不繼，終非美事。在下建議，保存釐字，作動詞用於釐正，釐定，釐裁，維持lí音。同時，釐字作名詞用於受釐，榮釐，福釐，仍舊音xī，以存古語。陸游《老學庵筆記》歎美書香門第婦女進宮，見匾額受釐堂而互相提醒讀若禧。放翁這一記載，使我非常感動，到老不忘。讓這簡正二字分家，各立門户，都作正字，這樣最好。

零七一 · 僉是集合雲黴分

敛 斂
簡字 正字

斂字簡成敛字。正字斂從扑從僉jiǎn。看金文僉，上面是一張三角形的大嘴巴（從下仰視他人之嘴呈三角形），下面小人二名（代表多人），頭上張嘴響應。猜想這是士兵集合，點名，所以上下一齊張嘴。僉字既是集合點名，所以右旁加扑，使用權力，斂字便有了聚集的意思。點名之時，長官瞪眼一一察視，所以檢字左旁加木，本義為封書蓋印之檢字，也便有了檢察、檢閱、檢校jiào這些說法。若加言旁，譣字便了譣證件、譣車牌、譣屍體這些說法，都是要用眼睛察視的。這個譣字早已雪藏，而用驗字頂替。這頂替的驗字，唉，又被他簡成验了，其命運與斂簡成敛相同。凡是從僉之字，莫不由於僉簡成佥而受損害。瞧這簡字佥，你能講清楚文字學的道理嗎？

金文僉

除以上斂檢譣三字外，尚有以下諸字，和僉字有關係。

儉（俭）：僉是隊伍集合。集合就要收聚攏來，勿得散失。錢財聚而不散，省着用，曰儉。

瞼（睑）：上下眼皮能夠聚合攏來，曰瞼。

殮（殓）：遺體入棺，棺蓋閉合攏來，曰殮。

臉（脸）：左右雙頰有向鼻山收聚之勢，曰臉。
　　險（险）：左右兩岸山收聚成峽，自是夠險矣。
　　劍（剑）：較之大刀，收縮狹窄。
　　簽（签）：籤之異體。竹片削窄，曰簽。
　　僉字因為有聚集義，所以用在文言文裏義與皆同。《新華字典》不收僉字，也不顧魯迅官任教育部僉事。

霉　黴
簡字　正字

黴字簡成霉字。霉字原非簡字，應是黴之俗字。霉字從每。每象婦人髮式好看，正如美象男子戴羽好看。雨天潮溼，食物生霉，狀似婦人髮式，所以字從每，每亦聲。霉字有道理，宜同黴字一樣視為正字，並存可也。黴字從微省，屬於微生物。黴菌有色，或綠或紅或黃或青，甚至有金色的。字從黑，蓋以黑概括多色，謂其有色而巳。何況黴菌也有黑色的，在下見過。醫藥以前皆用黴字，沒有什麼不好，沒有必要改用霉字。分分工吧，霉字可以用於生物科學之外，日常俗語方面。舉例說，觸霉頭，遭霉運，食物霉變，霉乾菜，霉豆腐等等。語詞豐富，好做文章。詞匯單一，祇能做乾巴巴的社論。

零七二・殺非割木 穀非谷

杀 殺
簡字 正字

殺字簡成杀字。正字殺，左上乂yì象刀割草形，是刈字的古寫。殺用刀割，左上從乂，其故在此。左下一朮shú，是秫字的古寫，在這裏作聲符，古音近殺。左旁上乂下朮，音義全都有了，為何右旁又添個殳shū？請細說之。這個殳字，古人說是丈二竹殳，利在戳刺，兵車作戰用之。對照篆文、金文、籀文、古文和甲骨文看看，完全不像丈二竹殳。古人錯了。我看或許是繩錘吧。麻繩捆纏卵石，便成繩錘，擊頭致命。錘殺比刀殺更簡易，必定早於刀殺，所以殺字右旁從殳。殺簡成杀，不但泯沒了錘殺在古史上的遺蹤，而且講不通為什麼刀割木為殺。

殳 shū　篆文　金文　籀文　古文　三個甲骨

繩錘後來變成鏈錘，見於明末清初魏叔子的《大鐵椎傳》，鏈繫鐵錘，俠士運轉如風，擊聲匿迹。如果殳字我猜對了，殳真是繩錘，那麼擊字擊退從殳就容易解釋了。

不僅此也，投字從殳，蓋取繩錘之遙~~擊~~擊也。正字擊~~簡~~簡成击，沒道理。

谷 簡字　　**穀** 正字

穀字簡成谷字。穀谷二字本來都是正字，穀是稻穀，谷是山谷，風馬牛不相及。如今把穀字撤職了，派谷字來頂替，欺我中華之讀書人，太霸道了。

查這穀字，分解開來，從禾殼聲。殼是讀音，禾是指義。穀字筆劃繁多，但是音義明白，也就好認。成問題的是這作聲符用的殼，今已成廢字，沒用處了。殼字音 Ke，在甲骨文，左旁象懸鐘形，右旁殳，是舉錘叩擊。左右合起來成動詞，殼就是今之搕 Ke。穀字僅取殼之讀音而已，不取其義。正字穀義在禾，看字形就曉得屬禾類，有其存在的理由，廢不得。順便看正字殼，也是殼聲，

殼 Kē　　**殼** 甲骨文

左下的几象殼皮形，音義明白，同樣好認。殼簡成壳，右旁殳沒有了，也就缺失了音 Ke 的根據。左旁又少一劃，莫名其妙。

壳 簡字　　**殼** 正字

零七三·僕仆報审審獸跡

僕字簡成仆字。成語前仆後繼的仆，本來是正字，又被派來做僕的簡字。一身二任，添麻煩了。正字仆pū意思是向前跌倒，改讀pú就成了家中的僕人。前後兩義之間毫無關係，總不能強解為僕人立場不穩吧。僕在甲骨文原是象形字，象家僕形。他頭額上一個辛（鑿），表示額上鑿刻有黥印，身份為罪人，所以發配去做家僕，為奴隸。雙手捧着撮箕，去倒垃圾。箕中塵土揚播，五點是也。最醒目是他有尾巴，被人牲畜視之。此字可以旁證古老的階級歧視之存在。到了金文，尾巴免了，撮箕還在，鑿刻仍存。不過總算添了人旁，脫離牲畜界了。到篆文走了樣。僕字不簡為好，便於後人溯源。何況濮、璞、墣、噗、樸皆未簡。

報字簡成报字。正字報同執字關係密切。在甲骨文，執字右旁象木製銬具形，左旁象罪人被銬腕形，意思是犯了罪被捕了。而報字

第145頁

則更進一層，不但被捕銬腕，而且被判，抵罪服刑。看甲骨文，罪人跪着，雙腕銬住，背後一隻手抓住他的肩，加以懲辦。報字的初義仍然保留在"惡人有惡報"的說法裏。報就是懲辦。犯罪在先，懲辦在後，乃有報復一詞。後來文件批覆下來也謂之報，朝政宣佈出來也謂之報。再後來就有了朝報、即報、公報、日報。報簡成报，木製銬具變成提手，司法懲辦古義盡失，不可取。

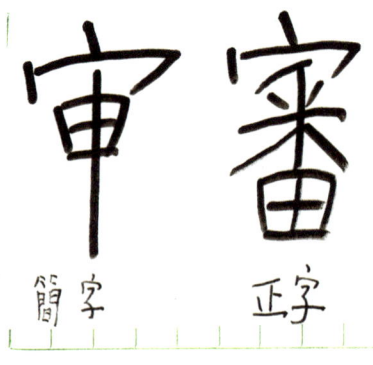

審字簡成审字。須先說寶蓋下面的番字。番字從田從釆。釆 fǎn 象獸跡之形。田，獵田，即獵場。番就是狩獵場上發現的野獸足印。獵人一看便知是虎是熊是豹子是野豬，心中有底，再去追蹤。番加寶蓋，就是室中研判獸跡，審視、審定、審判諸詞生焉。簡字审却無理可講。強解之為室中伸繩，莫名其妙。順便說瀋，從水審聲，很好認嘛。瀋陽簡成沈阳，像某人的姓名。何況瀋字在典籍中義指汁水，哪能寫成沈呢。

零七四·獵獸犧牛儀態美

猎 簡字　　獵 正字

獵字簡成猎字。正字獵拆開看，左旁反爪就是犬字，打獵帶著犬去，右旁看似難認，其實是金文的孑字，作聲符用，音lie。用金文孑作聲符用，除了獵，還有鬣和躐。金文孑lie音轉là，同樣作聲符用，就是臘（簡成腊）和邋。獵簡成猎，與臘簡成腊一樣，使聲符丟失，讀不出字音來了。昔字絕無lie音和là音，放在這裏做啥？由此類推，蠟字簡成蜡字也沒有道理了。更何況腊字見於《易經》音xī，義為乾肉，蜡字見於《周禮》音zhà，義為年終祭祀，皆正字也，豈能兼任簡字？

兽 簡字　　獸 正字

獸字簡成兽字。正字獸古義為打獵，也就是晚造的狩字，動詞。狩字通行後，獸字就拿去作名詞用，概指哺乳動物。看甲骨文，左旁是干（盾），干上是投石繩，皆武器也，右旁是獵犬。金文添一口，獵人嗾犬也。獸簡成兽，字形看不出狩獵的意思。學童眼裏誤認，或想象成獸角獸頭獸口，錯得有鹽有味。

金文獸　甲骨文獸

牺　犧
簡字　正字

犧字簡成牺字。正字犧從牛義聲，義指宗廟祭祀所用的純色牛。義字從義省，兮聲。義即儀，美儀態。宗廟祭祀用牛，不僅要毛色純，而且要儀態美。這樣的祭祀牛稱為犧牲，品格高貴，被宰殺也榮耀。後世所謂光榮犧牲，指人。犧簡成牺，高貴榮耀之義頓失，講不出明堂來。既然曦爔二字都未簡化，何必為難犧字。

义　義
簡字　正字

義字簡成义字。正字義寫草書形近义，也就簡成义了。義字從我從羊。羊在這裏要當作樣字用。正字樣，簡字样。做人要有人的模樣。人模狗樣便不義了，不像樣了。義後來添人旁寫成儀，意思仍指人的儀表。發言講理是為議，出行整齊是為蟻。義議犧儀請不要簡。義下的我字很重要，從我做起。簡字义沒法解釋。

态　態
簡字　正字

態字簡成态字。先說熊。特梭熊體型大，能直立行走，能遠望環顧，似在擬人作態，蜀人呼為人熊。金文能字就是熊字。態字從能就是從熊取義。態字簡成态字，無義可取。

零七五・羆龜蛙黽鼈大腹

罷字簡成罢字。前面說過，在金文裏，能字就是熊字。《左傳》記載晉侯夢黃能入寢門，黃能便是梭熊。所以古之罷字就是今之羆字，專指體型比黑熊大的梭熊。熊羆連稱，熊指黑熊，羆指梭熊。罷羆古今字，所以罷古音pí。古籍所見，困頓稱罷弊，懶漢稱罷民，男女病員稱罷士罷女。梭熊有冬眠現象，被誤認為疲困懶倦，躲在洞中臥病，故有那些說法。罷pí簡成罢bà，讀音添亂，梭熊或許會擁護吧。

龜字簡成龟字。古今觀念不同，見於正字龜。此物大受先民崇拜，尊為介蟲之長，因為長壽。龜字象形，須側視之。筆劃複雜，就是教你恭敬書寫，絕不可能一揮而就。龜簡成龟，便難逆窺古代的觀念了。學童見簡字龟，留下的印象是魚尾拖長。順便說正字魚，篆文原來不是四點的火，而是雙歧形的魚尾。楷書不便，改作四點，不得已也。從魚之字不少，橫一杠的簡字鱼尾絕無雙歧之象，不如回歸正字魚吧。

黽字簡成黾字。正字黽měng甲骨文象蛙形，頭向下，腿在上，跳入水中去。篆文則象鼓胸鳴叫之形，而雙腿潛水下看不見之。蛙種類甚多，簡分兩種，古稱蛙黽。蛙指雨蛙，棲陸。黽指青蛙，棲水。正字從黽者有腹鼇鼂鼄鼅蠅繩等。黽簡成黾，已失鼓其胸腹之象，與簡字龟亦易混淆，還須歸正字，維持象形功能為好。

竈字簡成灶字。簡字灶從火，柴火燒，從土，土磚砌，也講得通。不過現代爐具用不銹鋼製造，不用土磚。不如回歸正字竈，以存早期記憶為好。竈字從穴，竈孔洞，從土，土磚砌。至於從黽，竟與青蛙拉上關係，就未免太怪了。不怪。青蛙大腹，篆文黽有大腹之象，所以竈鼂鼅蠅都從黽以取象。你會問了："難道繩子也大腹嗎？"麻繩一長條，固然無大腹。繩字用蠅省做聲符，從絲省，蠅省聲。早期土磚砌竈，灰泥抹光，上置鐵鍋，鍋底之下竈膛之內空間甚大。古人稚拙，說這也是腹大。

零七六·盧非卜尸瀘瘵醫

卢 簡字　**盧** 正字

盧字簡成卢字。正字盧是古人盛飯食的圓筐，亦即飯籮。盛飯食用之，所以字從皿，屬於器皿類。皿字看篆文是一隻高腳碗。皿上一田，那是竹編圓筐，非農田也。其上虎字之頭，虎省聲也，是盧字的聲符。虎hǔ音緩讀之，分解成hū lú二音，所以能拿去做盧字的聲符。盧簡成卢，致使原有的形符（田）義符（皿）聲符（虎）完全喪失。飯筐盧簡成了卜尸卢，不知所云。正字盧不要簡，免去卜尸之災，那些用盧字作聲符的諸字，瀘壚櫨鑪鱸臚艫轤顱鸕，便跟著也免災了。一鬆百鬆，大家都免災了。

炉 簡字　**爐** 正字

爐字簡成炉字。怪哉，前面盧簡成卢，這裏盧豈不是又簡成戶了嗎？除了爐簡成炉，驢蘆廬也簡成驴芦庐了。卢歟？戶歟？何去何從，全憑他的分咐，爾等照辦就是。哪知他的癖氣太怪，膚字盧省聲，他却不卢不戶，而簡成肤。膚字從肉（月），皮下肌肉。皮是皮，膚是肉，勿混同。同樣是盧省聲，還有慮虜二字。慮從心，心中考慮。虜從力，暴力強取。二字也不要簡，跟着盧免災了。緊隨其後，濾櫨二字也免災了。

疟　瘧
簡字　正字

瘧字簡成疟字。先説病旁，音yǐ，象有靠背的牀，供病員倚臥用，看篆文便明白。正字瘧從病旁，從虐，虐亦聲。虐字上虎下爪，虎爪酷虐。瘧疾攖人，熱似炙火，冷如臥冰，就像虎爪酷虐。簡字疟，猛虎沒有了，酷虐也就沒有了。爪亦可以攖人，但也可以撓癢，没意思。

疒
病旁篆文

痒　癢
簡字　正字

癢字簡成痒字。是羊生病嗎？簡字不可取。然後説養，從食羊聲。簡字养，羊介没意思。病旁又有癥字，簡成症了，謬。徵有徵兆一義。癥字從徵，謂病象也，簡成症沒道理。還有療字，簡成疗了，也謬。療字從僚省，有治理義，所以説治療呢。至於遼，從瞭省，有望遠義，所以説遼遠呢。

医　醫
簡字　正字

醫字簡成医字。正字醫可以作全新的解説。上左■箱■置矢鏃，用來放血。上右右手持械，用來觸診。其下酉，酒罐盛藥酒，用來治病也。醫字太好了，兼及內外科，勿簡。

零七七·藥薑蘋蘭樹有葉

药(簡字) **藥**(正字)

造此藥字，本來專指芍藥花。古人牡丹也叫芍藥。在《詩經》裏，字作勺藥。勺喻其花大如湯勺，藥謂此花令人喜樂。單名藥的這種植物能夠治病，如赤芍、白芍、丹皮，中醫用來治病，後來就把一切能治病的植物也跟著叫藥了。藥字昭示醫藥起源，直指芍藥，簡成药字便無從尋根了。

姜(簡字) **薑**(正字)

薑入藥，能強胃。強字從虫，本義是指螣螂。強健的強，本應作彊。薑字從彊省，取強身健胃之義。而姜字從女羊聲，女生為姓，乃遠古有名的姓氏，出自陝西岐山姜水流域。正字姜不能拿去和蔥蒜苗放在一起。

苹(簡字) **蘋**(正字)

蘋生水中，複葉成田字形，俗呼四葉菜，可採食，宗廟祭祀用。水蘋夏秋開白花，故又名白蘋。又有葉同樣成田字形，農家呼田字草，生在水稻田中者，名青蘋，不可食。苹則陸生，俗呼艾蒿。蘋和苹皆見於《詩經》，前者祭神用，後者鹿食之，各不相涉。派苹去做蘋的簡字，大謬。

兰 （簡字） **蘭** （正字）

闌受門之株連，簡成阑了，乃有澜谰斓镧襕諸簡字。仿此先例，蘭該簡成阑加草頭。嗨，偏不是！他要簡成兰，讓你摸不透。草頭下面加二是啥意思，祇有他懂。偏偏要和香草過不去，所以破爛不簡成烂而簡成烂，阻攔不簡成拦而簡成拦，可知香草絕不是好東西。

树 （簡字） **樹** （正字） 篆文樹

樹字看篆文知没有木旁。寸乃右腕一點，指寸口穴。寸在這裏借作又（右手），人手正在栽植一苗。其下一豆，祇是聲符。豆古音同菽shū。篆文樹乃動詞，栽培，樹立。後加木旁指木本植物。簡成树，聲符形符皆失。拆字遊戲，左权右对，不知所云。

叶 （簡字） **葉** （正字）

谍鲽是簡字，左旁受诛連。喋媟堞牒蝶碟幸未被簡，而葉偏被簡成叶了，不知何故。叶本正字音xié，是協字的古寫。字從十從口，和字從十從三力，意思相同，表示多人共事，協力同聲。叶字見《史記·天官書》，不能拿去做葉字的簡字。

第154頁

零七八·簡掉聲符失讀音（一）

中國作家協會四川分會

簡字	正字	
赵	趙	趙字從走肖聲。簡成赵字，以乂代肖，致使聲符喪失，後世讀音失據。而乂yì義為除草，放在那裏徒滋困擾，字形無解。
刘	劉	劉字從刀鐂省聲，殺也。簡成刘字，以文代鐂省，致使聲符喪失。簡字刘從文從刀，字形無解。
邓	鄧	鄧字從邑（右包耳）登聲，古國名（在今河南省）。簡成邓字，以又代登，致使聲符喪失。簡字邓從又從邑，字形無解。
郑	鄭	鄭字從邑（右包耳）奠聲，古國名（在今河南省）。奠古音zhèng。簡成郑字，以关簡字关代奠，聲符喪失字形，無解。
鸡	鷄	聲符喪失字形，無解。頸毛脫落，腳爪斬掉，伏在地面，這就怪了。
难	難	說難字須先說艱字。艱字從堇見聲。甲骨文堇即𦰩之古寫。人反縛兩臂膀，張口呼天賜雨。金文人下燃火，以見旱災嚴酷，甲骨文堇

再不下雨就將焚人。艱字緩讀便是艱難，艱亦難也。艱右旁見錯成艮了，致使聲符喪失。簡成艰难，字形無解。

第155页

簡字	正字
汉	漢
劝	勸
仅	僅
蚕	蠶
么	麼

漢字從水莫聲。莫即旱，前已說。簡成漢，不但聲符喪失，字形亦無解了。

勸字從力雚聲（從雚亦聲）。雚即鶴。鶴羣飛翔盤旋成陣，大聲鳴噪，似在互相鼓勵，謂之鶴陣。勸字義為鼓勵。簡字劝，聲符喪失，字形無解。

僅字從人從堇，堇亦聲。堇即饉，少食也。僅，少人也。簡字仅，聲符喪失，字形無解。

蠶字朁聲。二虫為昆蟲，多蟲。簡字蚕，天蟲。蟲皆天生，竟何蟲耶？字形無解，聲符喪失。

麼字從幺省（第一劃省轉場）麻聲，細小也。《說文解字》無麼有麿，同樣音mó，義亦形容細小。推測麿麼為古今字。藐不足道之人，[塗改]形容之為[塗改]yāo mó。現在麼簡成么，大謬。這個么字早就是幺yāo之省了，豈能又拿來充當麼字的簡字？這樣簡也就是妄造一個音讀mó的新字么。須知麼字異體作麿，么是幺之省，明明白白嘛。

零七九·簡掉聲符失讀音（二）

中國作家協會四川分會

广	廣
簡字	正字

厂	廠
簡字	正字

庄	莊
簡字	正字

墙	牆
簡字	正字

廣字簡成广字，聲符喪失。何況廣字上部的广也是古已有之的字，音ān，概指●●正堂●●正房以外的房屋。不能作簡字用。明代皇宫有東廠和西廠，皆非正房，特警太監居之。厂也是古已有之的字，音ǎn，象河岸形。厂不能作簡字用。

莊字從草壯聲。●●草●●轉指苗壯，所以農作物稱莊稼。簡成庄字，誤作●土屋，聲符喪失。

以土旁代爿旁，聲符喪失。牆字從嗇sè得義。得何義，須說嗇。看篆文嗇上面是來字。來字象麥穗形，初指小麥（難怪麥字上面是個來字）。篆文嗇下面是㐭字，象倉廩形。上面小麥，下面倉廩，上下組合，篆文嗇也就是麥倉了。麥倉加個爿旁聲符，指倉外的圍牆。牆字這樣造是有道理，一簡就弄壞

嗇 嗇 嗇
sè 篆文 金文

了。以土旁代爿旁，簡字●墙沒聲符，學童祇能死記讀音。漢字形聲字百分之九十，所以讀音易。我敢說，五百年後，祇要文字學不斷絕，再難的漢字都能講清楚。就怕簡，一簡就壞了。

層字從屋省（省至字）曾聲，屋層也。篆文曾象沸鍋上置蒸屜，蒸屜上冒大氣，層疊之形。簡字层，聲符喪失，字形無解。

導：聲符喪失。簡字從寸從巳sì，巳即蛇，字形無解。

隸字從隶柰聲。篆文隶象右手逮住一條尾巴，暗示奴隸最初都是逮捕來的。柰即奈，是聲符。簡字隶，聲符喪失。

務字從力敄聲，力作也。敄聲之字還有婺鶩鷔。而敄又從矛得聲。務簡掉矛，聲符喪失。

劃字從刀畫聲。簡字划，聲符喪失。已經從刀，又添一戈，未免多事。戈用於鉤割砍劈，不用於劃劃，劃從戈不通。

邊字用臱字作聲符。臱biān乃賓之異體字，蓋金文訛變而來。簡字边，聲符喪失。類似的尚有過簡成过，還簡成还，皆使聲符喪失。過聲之字，副簡成剐，鍋簡成锅，渦簡成涡，蝸簡成蜗，萵簡成莴，唯獨過字例外。類似的例外還多，徒滋困擾。

層 正字 / 层 簡字
導 正字 / 导 簡字
隸 正字 / 隶 簡字
務 正字 / 务 簡字
劃 正字 / 划 簡字
邊 正字 / 边 簡字

零儿零·簡掉聲符失讀音(之三)

中國作家協會四川分會

个（簡字） 個（正字）

個字以及箇字都簡成个字。古代竹以箇gè計，竹一竿稱一箇。竹叢生而成林，所以篆文竹從二竿表示叢生，正如二木表示成林。二竿即二箇。竹字是用兩個箇字組合成的。所以竹字之一半的个就是箇字，箇以及個祇能簡成个，而不能簡成个。

个 篆文丁　　竹 篆文竹

个與个字形不相同，讀音亦互異。今之簡字个乃是篆文的丁字。篆文丁象蜻蜓曬翅之形，就是蜓字古寫。個以及箇用固字作聲符，簡不得。物堅固則不可破分為二，所以人也好，物也好，皆以個計，正如竹以箇計。不但簡不得，他還把丁字的篆文誤認成箇了。

坛（簡字） 壇（正字）

壇字從土亶聲。以云代亶，聲符喪失。最可怪者，壇罈二字共用一個簡字坛，文壇成了盛文學的罈子！

苏（簡字） 蘇（正字）

蘇字從草，草名，入藥的有紫蘇，穌聲。簡字苏，聲符喪失。更可慮者，辦又簡成办了，學童不會理解苏為草辦？

协（簡字） 協（正字）

將來的人不會理解协為十辦，此又一杞憂也。正字協從十，多方共同運作，劦聲。簡字协不但聲符喪失，還容易被誤解。此外尚有脅簡成胁，就不說了。

第159頁

远 遠
簡字 正字

遠字袁聲。以元代袁，仍有聲符。似無喪失，實則不然。袁字義為長袍。長則遠矣。可知遠不能簡成远，必須袁作聲符。

还 還
簡字 正字

還字看篆文從辶（走之），右旁目下一袁，省筆劃成睘huan作還的聲符。睘字今廢，義為環視。

环 環
簡字 正字

環簡成环，同還簡成还一樣不講理。幸好圜澴寰嬛鬟尚未受其害，闤繯鵟鐶也祇牽連受害。

怀 懷
簡字 正字

懷字從心（豎心）褱聲，懷而藏之也。褱字今廢，但仍作聲符用，而且參與字義，須詳說之。褱huái看篆文是衣中一眔。眔字從目，目下一水。看金文和甲骨文你便明白了，這是涕字古寫。涕，淚水也。放在衣字中間，藏著哭也。褱作聲符，且參與字義，所以懷字義為懷藏，藏在心頭，就是懷念。簡成怀字，黔驢技窮，又拿不字來頂替，全不考慮不字慣用的否定義。他辯解說："怀，环，还，都是草書化出來的。"也不想想，草書是全不顧文字之學的。不顧文字學，漢字就無理可尋繹，無法可傳承了。

褱 褱 篆文褱
huái

眔 甲骨文
涕字古寫 金文

零八一·簡掉聲符失讀音（之四）

礼（簡字）　禮（正字）

禮字從示豐聲，晚造。先有豐字。豐字從豆，表示這是一種容器。豆上原本非曲，而是這種容器的象形，大似今之海碗，但無圈足。這種命名為豐的容器並非餐具，而屬於供奉鬼神用的祭器，內盛雙玉。雙玉代表各種祭品。祭器豐字後來加個示旁，表示供奉在鬼神面前，這就是禮。篆文禮字出現之前，曾有過古文禮，象人側身禮拜鬼神之形。古文禮字形易引起歧義，後來作廢了。簡字礼又蹈襲作廢的古文禮，畢竟不如保留祭器豐的正字禮好，更有利於存真。

豐　豐（篆文）　豐（甲文）
禮（篆文禮）　禮（古文禮）

体（簡字）　體（正字）

體字簡成体字。體字豊聲，而豊可轉ti聲。體指人體。《說文解字》段注所云，頂部面部頤部肩部脊部臀部肱部臂部手部股部脛部腳部共十二部總括成體。簡字体資格老，民國時早有了。奈何人本為体之說不通。本者植物之根部也，不能概括人體之十二部。何況《廣韻》早有体字，音bèn，義與笨同，皆訓粗拙。醴澧二字都未被簡，何必簡禮。機構可簡，禮不可簡。

幣字敝聲。簡成巾了，聲符喪失。巾類之用來蔽體者，所以叫幣。簡掉巾上之幣，不但聲符喪失，字義亦缺損矣。

戀字從心䜌聲。《說文解字》有䜌，並收錄了古文䜌字。察其字形，上左手（爪）下右手（又）正在把三股絲搓合成一條線。湘人搓麻成繩謂之䜌麻，用來比喻男女戀情，二人搓合成一，你中有我，我中有你。簡字恋沒意思。恢復正字戀，孌彎䜌欒攣灓鑾都跟着免災了。

陸字看篆文從阜（丘陵）從土（平原）從草代表植被，六聲。意思完美。右旁簡成击，誰擊誰？

"泪是目旁水，愁為心上秋。"古人早已這樣簡了，但淚仍是正字。原因在目旁水的泪和目下水的㳮，形雖有異而意思同構。看㳮字古寫，那正是目下水啊，從金文傳承下來的㳮字今仍存在遝字之中。淚戾聲，好認。

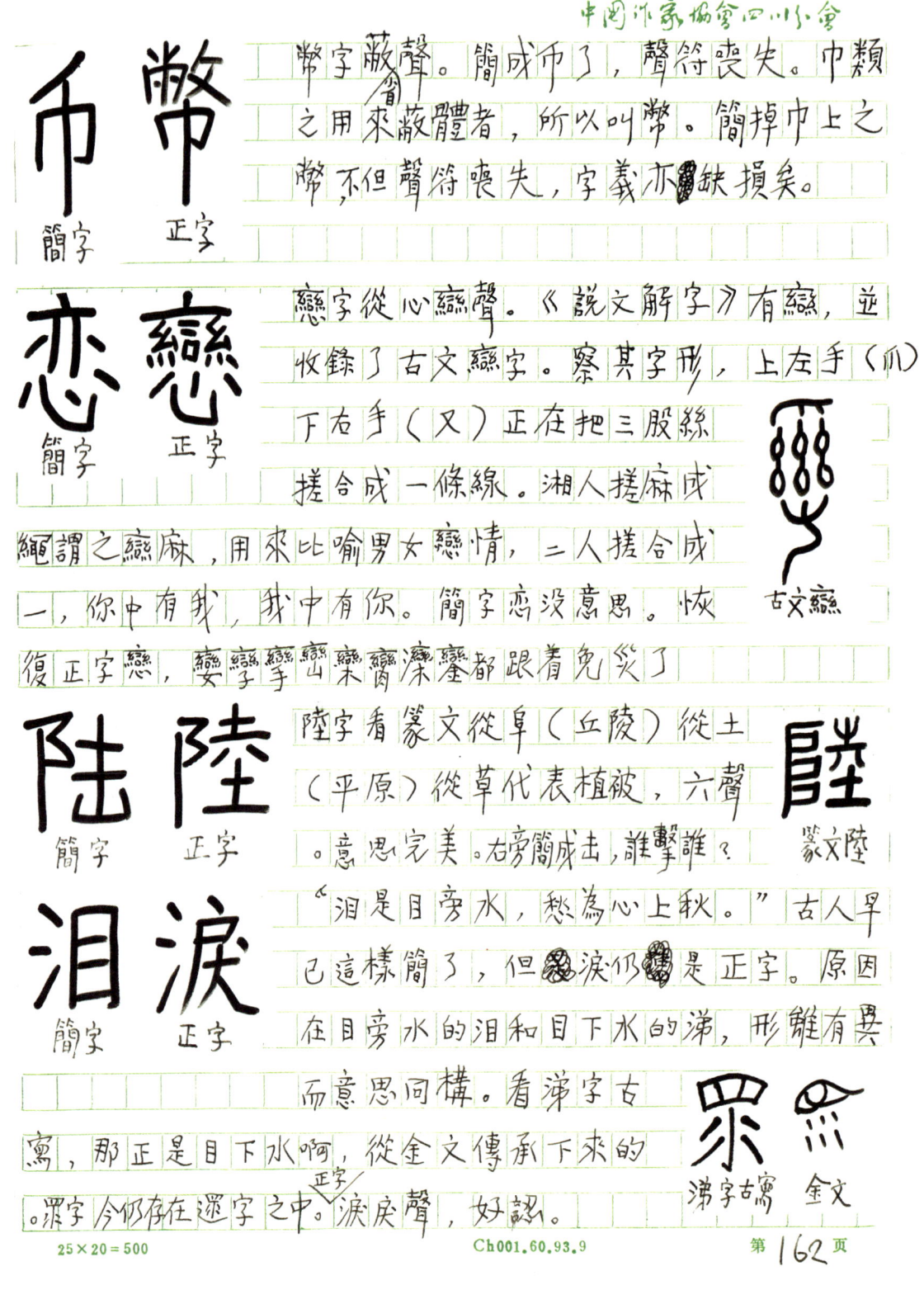

零八二·簡殘聲符讀音難（之一）

窮字從躳呂聲。《說文解字》："窮，極也。"凡事到極端，皆得謂之窮，非僅貧窮一義也。字從穴從躳，親身入洞探看，深探到洞底也。簡成穷，人將誤解為苦力住窯洞。異體窮作竆，傳承自篆文。原來躳字篆文作躳，從身從呂。呂即膂字，脊梁骨也，象脊椎形。篆文演變成楷書後，作躬，成形聲字。順便說簡字吕，脊梁骨打斷了。恐怕還是恢復正字呂為好吧。

獨非蜀犬，而是從犬蜀聲，指某些不合羣的狗。蜀是聲符，被簡殘了，衹剩個虫，學童讀音便困難了。幸好尚有濁蠋鐲韣四字逃脫，而燭觸二字未能逃脫，被簡成烛触。將來學童會說："蛊吐火。蟲長角。"

屬字從尾省，尾屬於體也，蜀聲。這回又改變了，聲符不簡殘，而是換成禹。禹尸為属，衹好死記。為啥這回蜀不簡成一條虫，沒有人敢問他。牽連受害者尚有囑簡成嘱，矚簡成瞩。

簡字	正字	
壮	壯	聲符爿篆文象牀榻形，音義同牀。簡字壯看不出是牀形，左旁自然就起不到聲符的作用，讀音便困難了。牽連受害的字多多的有，不再列出。
蚤	蚤	跳蚤被簡，少了一點。虫上的叉zhǎo是聲符，篆文叉象右手指甲形。少一點成叉chā，簡字蚤從虫叉聲，不知是啥蟲。指叉今作指爪，指甲找了。（篆文叉）
宽	寬	寬簡成宽。寬字莧聲。莧guān乃山羊之一種，又名北山羊，角細長，古稱羬羊。寬字作莧聲符，其上非草頭，而是丫guǎi。簡字宽，苋字作聲符，其上為草頭，乃莧菜的莧xiàn（簡作苋），讀音異於莧guān，哪能作寬字的聲符呢。
汇	滙	滙字淮聲。淮河容納眾水，所以滙有滙聚之義。簡成汇，聲符殘，讀音難，字形無解。滙字本義盛雜物的方筐。
条	條	條字從木攸聲，枝條也。攸yǎo條tiáo音可對轉。簡成条，聲符殘，讀音難。攸字在金文裏是人在水上仰泳，字從攴(反文)表示擊水。

攸 yǎo 篆文 金文

第164頁

零八三．簡殘聲符讀音難（之二）

中國作家協會四川分會

聪（簡字） 聰（正字）

聰簡成聪。同樣，璁熜驄聲符悤照例說也該簡，却不簡。誰該簡誰不該簡，都隨他的便。還有個總字，聲符也是悤，待遇又不同，他乾脆拿掉絲旁，簡成总字，全不顧反總字從絲本有用繩聚而束之之義。絲旁一簡，祇剩個簡化总（簡字聪可證明总乃悤之簡化）。他却板起臉說："我沒有宣佈過悤簡成总！"確實也是，《新華字典》悤字未簡，祇是以多頂替悤，叫悤下崗了。總之，理由全在他那一邊，而他又不想向公眾講明白那樣做的理由。

总（簡字） 總（正字）

總字從絲省（絞絲旁）悤聲。《說文解字》："總，聚束也。"聚而束之，例如束髮，綰髻梳辮，必用繩束，所以從絲。他把絲旁拿掉，又簡成总，聚束之義盡失，無解。簡字总，看字形明明就是悤，怎能冒充總。悤字是可解的，心上一囱。篆文囱象窗形，煙囪也是冒煙的窗筒嘛。心上有亮窗則明，有煙囪則通。悤既從心，字義當然是指心思明通。總理者聚各部委束而治理也，並非由於其人心思明通。

悤 cōng 篆文　金文

所以總簡成总是錯誤的。順便看金文悤，從心銳聲。心上一枚鋼銳子，既可以銳孔，又可以銳除其孔中堵塞物，功能在通之透之。這個金文悤是古代的簡化字。簡得太難認，若不是當過木匠，我也認不得。

际 簡字　**際** 正字

際字祭聲，純聲符，不涉義。簡成际，聲符殘，讀音難。際從阜（左包耳），據《說文解字》，指兩堵牆相接處的隙縫。

随 簡字　**隨** 正字

與此同時，墮也被簡成堕，而隋朝的隋卻又未簡。他不想解釋為啥這樣做。隨亦作隋。隨從辵（走之），走在後面跟隨。隋來簡化，殊不知在簡字随裏卻被悄悄簡殘了。隨簡成随，而世間並無從左包耳而有聲之字，所以簡字随讀音難。

堕 簡字　**墮** 正字

墮字見於《詩經·周頌·般》內，其字作隓，指橢圓形的小山，後被借去移指山崩崖塌。簡成堕，聲符殘，讀音難。

写 簡字　**寫** 正字

寫字從宀（寶蓋）舄聲，義為遷宅，由此宅搬家到彼宅去。《說文解字》云"置物也"。段注曰"謂去此注彼也"。所以水由此器注入彼器亦謂之寫，而作字於紙上亦得謂之寫矣。簡字写，聲符殘，讀音難。

蝎 簡字　**蠍** 正字

蠍字歇聲，蠍子。聲符歇殘成曷便是蝎。蝎he乃正字，蛀樹木的蠹蟲。蝎不能做蠍的簡字。

零八四·簡殘聲符讀音難（之三）

荧（簡字） 熒（正字）

冂 冋 冂
jiōng 古文 篆文

熒 yíng 從冂省從焱 xíng。冂字篆文要俯看，象邑界形。祇劃出東北西三邊界，南邊省略了。古文冋，界內小方又是邑城。古人命名，邑城之外曰郊，郊外曰野，野外曰林，林外曰冂。冂即邑界。古人用冂形容某物距離我們遠之又遠。而三火的焱字，小火也，正如三虫為小蟲，三魚為小鱻（鮮）。這樣說來，由冂省和焱三火組裝成的熒字就是指某個距離我們遠之又遠的一粒小火渣。嗚呼，為一渣造一字，不亦勞乎？不勞，古人這樣做，有深意存焉。原來這熒字是專為太陽系八大行星之一的火星定製的。先民注意到了：地球近鄰名火星的這顆行星行為詭異；其色殷紅如血，其光不恆定；某一時段明亮，某一時段晦暗；在軌道上運行，時快時慢；有時竟停留不動，甚至退行；然後又進動，忽忽去趕路。使人迷惑，暗自驚恐，所以命名熒惑。古羅馬人也怕此星，命名戰神（Mars）。遇上火星進入東宮蒼龍七宿，停在帝星旁邊不動，欽天監要報警"熒惑守心"，朝廷震動，帝王憂懼。文化蘊涵如此深厚的熒，竟被簡成荧字，又將誤解為草類字。受此牽連，凡用熒省作聲符者，如鶯莹坚荥蓥萤营濛蒙嫈管觉皆受簡害而落草矣。

榮字簡成荣字。榮與火無關連，字本來不從炎（二火），是篆文弄錯了。看金文方大悟，榮乃象形，是兩枝花，交叉上翘，可知字義原是開花。花開照眼，引申出榮華義，更引出光榮義。《爾雅》有"榮桐"句，指的是泡桐樹，春末滿樹紫花，先花後葉，古稱榮桐。篆文錯將金文榮的交叉下部改寫成兩折的三段線了，又錯將兩簇花改寫成二火了。然後添木在下，歸入樹類。本來早就錯了，簡成草頭更錯。吾恐後來人越發忘歸路，找不到故鄉矣。熒音róng而熒音yíng，讀音亦無關連。

勞字從力榮省者。看篆文勞上面也錯成二火了。金文勞上面和榮上面一樣，都是花枝交叉上翘，而下面從心，指心勞也。心勞之字不存，存者篆文力勞。勞從榮省，花繁為榮，力繁為勞，彼此相似。簡字劳無解。

犖從牛，勞省聲，義為毛色繁雜之牛。簡字荦無解。

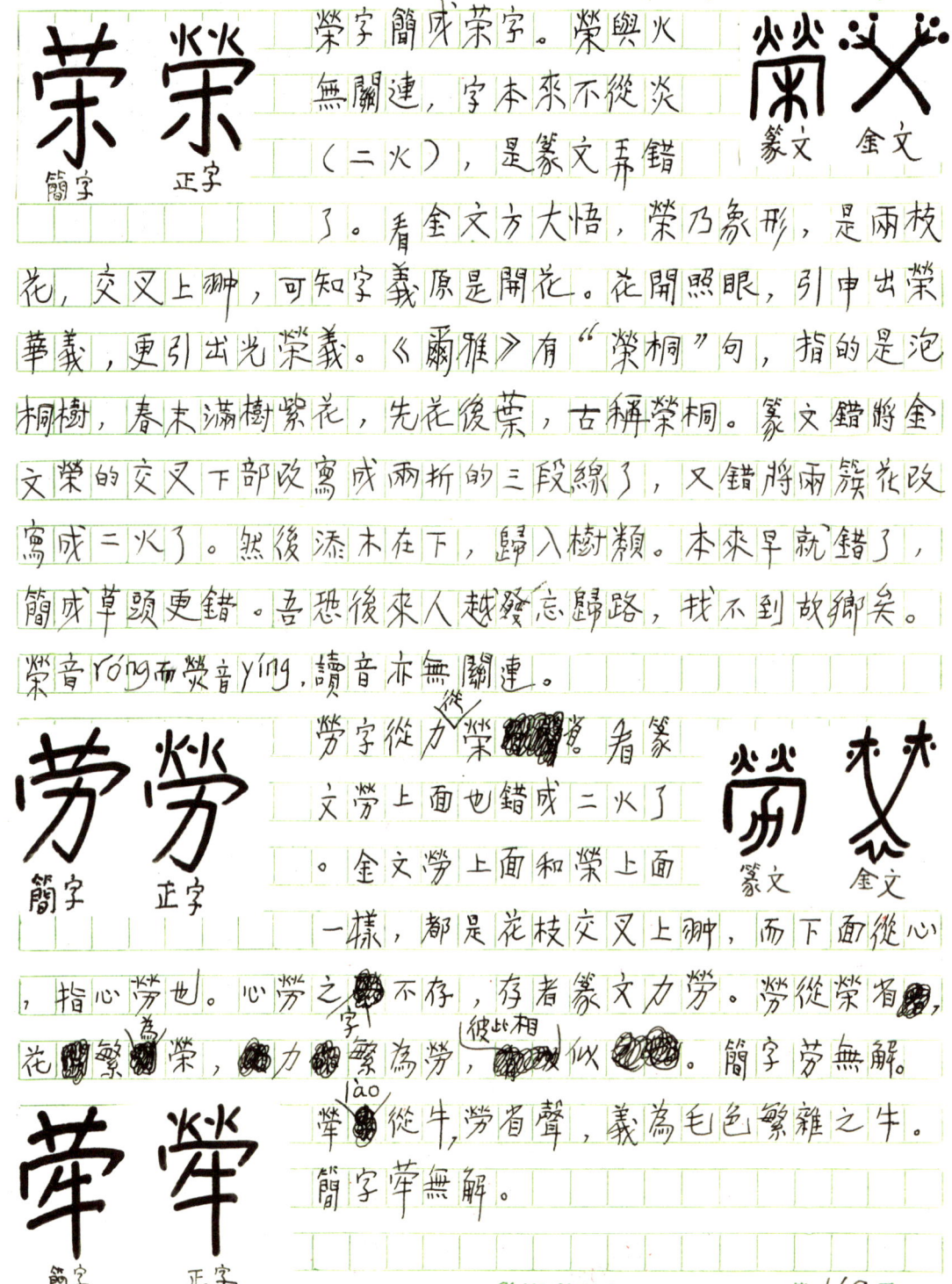

零儿五. 簡殘聲符讀音難（之四）

中國作家協會四川分會

献　獻
簡字　正字

獻字從犬，古代祭享祖宗，要供奉肥狗肉，為此專造動詞曰獻。左旁鬳yán即甗，陶製炊具三足鬲也。獻字僅用鬳作聲符，不取其義。鬳字筆劃嫌多，其下部形似南字的下部，便用南去頂替，簡成南字。聲符鬳既殘損，yán聲就失去了，獻字讀音就困難了。先人造形聲字，方便讀音。捨讀音之方便，求筆劃之減少，不值。

牵　牽
簡字　正字

牽字指牛牽車，所以牛在前，頸上負軛（冖象軛形），玄聲。《詩經》有牽牛，指牽車之牛。後世誤解為人牽牛。簡字牵，聲符玄簡殘了，祇能死記音qiān。

而縴字却簡成纤，同纖維的纖共用一個纤，搞混觀念，有害。

当　當
簡字　正字

當字尚聲，正如堂字淌字擋字敞字常字用尚字作聲符。他祇取尚字的頭部，簡當成当，下部是啥也說不清。聲符弄殘了，該讀什麼音？

尝　嘗
簡字　正字

嘗字也是尚聲。這次他祇割掉下部的口，或許還能視為尚省聲。不過其下從云無理可說。正字嘗從旨，旨字從匕（飯匙）从甘，美味也。從旨有理。

师 師
簡字　正字

師字初指軍隊。師字從帀（匝）。軍隊宿營，戰車向外列成一圈，士卒臥休圈內。帀即圍圈，所以師字從帀。

𠂤聲者，𠂤在周甲骨文裏象苡仁形，也就是苢 yǐ（苡），古音通 sī，所以作了師字聲符。簡字师，聲符殘損了，讀音就難了。看古文師，一株薏苡結實，明明就是苡字，借作師字用而已，𠂤攴才是真師。

周甲骨文師　古文師

应 應
簡字　正字

應字從心，心中對應。外化為言，便是答話。心上是聲符 yīng，即鷹字的古寫。簡字应，不但聲符殘損，讀音添難，而且心不見了，字義亦隨之難解矣。

庙 廟
簡字　正字

廟字本指祭祖之所。從朝，定期祭拜也。金文廟簡成庙，致使聲符殘讀音難。

金文廟

坚 堅
簡字　正字

堅字從土臤聲。而臤字則從又（右手）臣聲，就是《史記》鄭襄公肉袒掔羊的掔字，亦即牽字。字從又，右手牽。臤已有右手了，其下又添一手作掔，已多此一舉。堅緊賢皆用臤作聲符。簡成坚紧贤，致使聲符殘，不可取。

零八六．簡錯聲符音讀訛（之一）

琼 瓊
簡字 正字

价 價
簡字 正字

瓊字從玉（斜玉）夐聲，紅玉。夐字解開，用目探看穴中某人，義為尋找。夐在這裏祇是聲符，並不參與字義。簡字琼，京jīng聲與瓊qióng聲大不同，誤導讀音致訛。

《說文解字》有价，音jiè，專指介冑之人，亦即穿鎧甲的武士，而非價簡成价。他這樣簡，會給讀古籍者造成誤會。何況價jià聲與介jiè聲有出入，聲符欠準，音易讀訛。竊以為凡屬早已有之的字都不要拿來充當簡字，古今不可混淆。《說文解字》有賈無價。東漢以後價字晚出，亦正字也。賈字兩音，一音gǔ者賣也，一音jià者價錢也。漢石經《論語》云："求善賈而賈諸。"前賈jià後gǔ。可知早在東漢賈字已讀兩音。賈字從貝，海貝作貨幣用，襾聲。此非東西之西，襾音fù。反覆字便用襾作聲符。篆文襾象碗底朝天倒置之形，而反覆之義顯示出來。賈兼買賣兩義，非僅賣一義也。商家買躉賣零，買了又賣，賣了又買，如此反覆不已，所以賈字從襾襾亦聲也。襾讀

襾 (fù) 篆文

音fù轉gǔ便可作商賈字的聲符。常人不留心文字學，拆賈姓為西貝。《紅樓夢》賈芹姓名拆成"西貝草斤"隱語，錯了。

第171頁

厅 廳 簡字 正字

廳從广ǎn。正堂的東西廂房，若是正廳大廳，又當別論。聽是廳字聲符，但也參與字義。古人說是"聽事之所"，所以名廳。簡成厅字，從崖岸和堤岸之厂ǎn，已非房屋，而用丁作聲符，又使讀音失準，加之聽事之義喪失，三謬。

壬 ting 篆文

听 聽 簡字 正字

聽字從耳，右旁拆開是心有所得。左旁耳下是壬ting。看上面篆文壬象人停立土上。壬作聽字聲符，不參與字義。簡成听字，用口去聽？《莊子》有听字，音義和忻同。

袄 襖 簡字 正字

襖字奧聲，袄字夭聲。簡字誤導讀音致訛。奧不僅作聲符，而且參與字義。奧字拆開，米飯上桌，碗蓋嚴，可以保溫。奧有暖意，嗅煥二字旁證。北堂正房,室內西南隅曰奧，是為堂奧。寒冬此處溫暖，老人居之。

选 選 簡字 正字

選字從辵(走之)巽聲。篆文巽xùn象二人下跪形，表順從態，可知字義為順。選字之義也就是順著路走下去。儒家主張"選賢"是說順著排查，挑選德才兼備的人，不要遺漏。簡成從先的选，誰先到便挑誰，不用順著排查下去，還選什麼。更何況先xiān 巽xùn二音有所不同，會使讀音失準。

巽 篆文巽

零儿七·簡錯聲符音讀訛（之二）

中國作家協會四川分會

陝（簡字） **陝**（正字）

恭請陝西老鄉，無論延安西安，稍加注意。貴省本名陝西，在河南陝州之西也。簡成陝西，迄今六十年矣。諸君想過沒有，陝之正字應該是陝，陝 Xiá 音義與峽同，絕不音 shǎn，不能拿去充當陝之簡字？老鄉明察便知，陝字夾聲，陝字夾聲。

夾 jiā　**夾** shǎn

夾是二人從旁扶助一人，所以扶助弱小抗擊強暴美稱俠客。夾乃一人兩腋藏物，外人看不出來，所以字從二入，入腋窩而隱藏不見了。夾夾二字萬萬不可混淆，貴省非陝西也，名不可不正呀。幸好映字未簡，此乃目光一睒之睒 shǎn。諸位老鄉尚可由此找到回鄉之路。

坝（簡字） **壩**（正字）

平原，蜀人叫平壩子。壩字霸聲，本指月魄。春秋五伯又稱五霸，即五巨頭。簡字坝，易導致音讀訛，且失巨大之義。

灿（簡字） **燦**（正字）

燦字粲聲。精米白亮亮的曰粲，所以燦字用來形容光輝。簡字灿，既失義，又訛聲。火山二字又引學童另作他想。

脏（簡字） **臟**（正字）

人之五臟密藏在內，所以各臟者，既取藏 zàng 聲又取藏 cáng 義也。簡字脏，聲訛義失，還派去兼骯髒不潔的髒，讓學童聯想起五臟很髒。

赃 贓
簡字　正字

读 讀
簡字　正字

來路不明之財不敢公開，不得不藏起來，所以叫贓。臧本有美好義，借其聲表隱藏的意思，這叫聲假。簡字赃，聲訛義失。舊時有異體贜，從貝從藏，明白了當。

客問為何"賣言為讀"，要我回答。我說，讀這個字，從言得義，從賣得聲，是最常見的形聲字，應該很容易講清楚。現今難講，古人要負責任。剛才說了，從賣得聲。顯然這個所謂賣字，絕非買賣的賣，而是另一個與買賣的賣因字形筆劃相同而致誤之字。且先說買賣吧。看正字買及其篆文，買是提網兜（网）去購物，然後付款（貝）。再看正字賣及其篆文，賣是在買上加個出（篆文出是左腳從地窩子內跨出來），表示買了又賣出去，然從賺錢（貝）。而下面是賣yù字，作讀字的聲符。yù音轉成dú，便是讀字的聲符了。讀簡成读，演變的過程便被遮掩了。看篆文的演變，就明白三變之後怎樣錯成買賣的賣。

買 買
正字　篆文

賣 賣
正字　篆文

賣 賣 賣 賣
yù 三變　二變　一變　篆文

零八八. 崖岸作厕豈澀潔

厕（簡字） 廁（正字）

臺灣旅遊，上廁所吃一驚，那個廁字多了一點！小解時想明白，此所既然是在房屋內，而非山崖之下，河岸之下，廁字當然應從广，而不宜從厂（象崖岸形）。又忽然想起，小解可以隨地，不必房屋之內，有簡字作旁證，足笑一回。事後想起，連大廈、大廳、廚炊都在崖岸之下（簡字廈、厅、厨），豈止廁所。

岂（簡字） 豈（正字）

豈字甲骨文早就有，寫出來就是壴。甲骨文象鼓形，上為鼓飾，下為鼓架，而中間為鼓面。鼓裝飾好了，陳設鼓架上，其下添一口，表示喜訊口口相傳，都曉得要辦慶典了。這樣就造出禧字來。男子喜，僖。女子喜，嬉。壴字變形成豈，字義由鼓慶成鼓樂。晉文公打勝仗振旅奏愷（凱），就是演奏鼓樂。可知豈就是壴（鼓）。山西的威風鑼鼓起源於此。豈字簡成岂字，鼓和鼓架成了己（跽），象人長跪。古義隱没，從此無解。豈壴二字今音相去甚遠，古音則不一定。再說字形，豈字的山和其下的一橫，申連起來便是金文壴的鼓飾。這樣一來，豈壴二字在金文寫法便相同了。

壴 gǔ 金文 甲骨文

中国作家協会四川分会

第175頁

涩（簡字） **澀**（正字） Sè 篆文

澀字在《說文解字》從四止，意思是不滑利。看篆文，下面二止，上面非二刃，是倒置的二止。兩個二止加攏便是四止。篆文止象左腳形，止即趾也。兩人面對面，彼此皆是兩隻左腳，都沒法走路。這個四止的澀，真是老左對老左，很詼諧。篆文隸變成楷書，倒置的二止有礙於筆順，便寫成二刃了，不得已嘛。考慮到"不滑"，乃添三點水，成澀。簡成涩，兩人面對面，彼此皆先出左腳，能走動了。這樣一來，哪還有不滑利的意思！涩字不通。

洁（簡字） **潔**（正字）

潔字從水，水洗而淨；從絜，治絲成束，網紮起來，不使散亂；絜亦聲。可知潔字之義兼有淨潔和整潔，不髒且不亂也。簡字洁則僅具淨潔一義。

决（簡字） **決**（正字）

決字從水，本義掘堤引水，轉義水沖堤垮。簡成决，改從冰，無義可講。

冲（簡字） **沖**（正字）

沖字見《詩經》之"鑿冰沖沖"，謂用鑿使勁沖，沖了又沖。後人由冰推想作冲，致誤。沿襲前人之誤，遂簡成冲，不可取。

零八九·運動醞釀會會餐

中國作家協會四川分會

运 運
簡字　正字

篆文軍

運字軍聲,有理可講。篆文軍從車從勹,象包圍意。古代野戰,安營紮寨,用戰車環列成營寨,車頭向外,而軍人宿其內,將帥住圓心好指揮。用軍作聲符,所以運本義為旋轉,地球繞日進動謂之運轉。簡字运講不出道理來。天上的雲(云)隨風而去,不旋不轉。

动 動
簡字　正字

動字從力,不施外力,則靜者恆靜矣。重是動之聲符。簡字动,仿力部諸字如功勳勉劾勤勍勇募之讀音,便該音同云。漢字這類形聲字多極了,方便學童認字讀音。他把聲符抹掉,用雲(云)來搪塞,讓你去猜吧。

酝 醞
簡字　正字

篆文醞

醞字從酉,知是造酒。酉字象酒罈形。㬜是聲符。今規範皆作㬜 wen,用陽光曝曬皿(碗)內飯食(范仲淹少時貧,曬粥而食),也講得通。不過篆文皿上是囗,比喻碗蓋嚴以保溫,如囚人密不透風。造酒亦須保溫,家常造米酒也要用棉絮捂緊醞缸。觀此醞字,先民釀酒之法寓在字形裏了。他不珍惜,簡成酝,又找雲(云)來湊數。

酿 釀
简字　正字

釀字也是造酒。襄是聲符，古音 ráng 與 壤 讀音同。蜀人音 ráng，與讓讀音同。舊時蜀人臘月間灌臘腸即釀腸，都叫 ráng 腸。用襄表音之字，除了釀，還有嚷攘壤瀼禳瓤褢蘘儴禳勷諸字，皆報平安，僅有這釀被簡成酿，以及讓被簡成让，左右同時挨刀。讓來讓去，弄得更慘。

回頭說襄 ráng，此字從衣。篆文襄上下合成篆文衣，剩下中間便是聲符 ráng。襄字既然從衣，必與衣服有關。中間聲符 ráng 是啥字？拆開看便知曉。二口交相（爻）發聲，彼此有疇（呂象耕疇形），借作仂字。原來這是嚷罵的嚷字之古寫。取嚷 ráng 聲表其音，襄就是給冬衣夾層內填入綿絮。至今蜀人尚說 ráng 棉花呢，即此襄字。古代造糧食酒，發酵後要混入多種香草，正像冬衣填絮那樣，所以釀字從襄，襄亦聲也。簡成酿，沒明堂。

篆文襄　篆文衣

会 會
简字　正字

會字看金文是會餐。三角形是大嘴（不信請仰觀，嘴成三角形）。大甑蒸窩窩頭，有雙耳可橔擡。其下大鍋沸水，快蒸熟了。

金文會

簡成会，與运动酝一樣，抄襲故智，又岂雲（云）來湊數。

零九零·這聲誇讚聲可厭

這字從辵（走之），必與行走有關。這之本義是迎接。唐時始音假作代詞，如盧仝的詩句云"這回應見雪中人"。其後又有用"者"代這的和用"遮"代這的。現代又回到唐時用"這"，不再用"者""遮"。音假本來就是借音不借義的，不必深究。"這"是原有其字，而簡字这原無其字，乃是他生造的，圖個少寫三劃罷了。

聲字看篆文，左上懸繩掛著矩尺形的石磬，右上手持繩槌敲擊，下有一隻右耳。甲骨文聲簡單，一懸磬，一右耳。耳重要，無耳聽則無聲。所以正字聲去掉耳便是動詞敲磬，可見声字要讀qing聲，象繩懸掛石磬之形，其實就是磬字古寫，絕對不能拿去充當聲的簡字。至於聲馨磬，一從言，一從香，一從石，各有所從，而皆殸省聲也。

誇字從言夸聲。簡成夸便喪失言談侈張之義，祇具有胯義了。

順便說言，作偏旁被簡化也不妥。篆文言字從口辛聲（辛象刻字刀形）。簡化使字形亂，聲符亦失。

赞　讚
簡字　正字

讚歎必以言辭，言旁簡不得呀。言旁拿掉成贊，字義變成出錢（貝幣）贊助，引申出贊成義。兩個獨立門戶的字，各具其義，不能以音同而合併。

竞　競
簡字　正字

看篆文競象二人爭言意。左人右人頭上各頂一個言字，這就是競爭了。簡字砍掉半邊，一人同誰競爭？倒像打乒乓球，官員指定誰得冠軍，這樣簡有道理。請他堅持這樣簡吧。

競 篆文競

厌　厭
簡字　正字

簡字厌祇有這兩種解說：一是從犬從厂（岸），狗在岸下惹他厭煩；二是從犬厂（岸）聲，狗不管在哪裏都惹他厭煩。
正字厭，請先說猒 yàn。篆文猒左上是甘字，象口中含嚼食物。必定味甘而美，所以含嚼細品，遲遲不忍吞下。左下是肉（月），右旁是犬，乃知猒字是狗肉●。狗●肉甘美，吃飽足了，非常滿意，這就叫猒。後人又造厭字取代猒字，意思一樣，都很正面。如果強迫再吃，會怎樣呢？會謝絕，會非常不耐煩，這樣厭字就造出來了，祇添厂（岸）作聲符。先民智慧於斯存焉。他看不慣，提刀副砍，簡成厌字。

猒 yàn 篆文

零九一. 艷麗構講製畫圖

艳 簡字　**艷** 正字

艷字簡成艳字，源於豐簡成丰。豐是古代盛祭品享鬼神的禮器，大腹矮足，字象器形，丰聲（二其丰祇為了左右平衡）。豐滿、豐盛、豐富諸形容詞皆從器形孳生而出。聲符丰字象草木尖刺形，不能代替豐字。所以豔簡成艳有損字義。草木尖刺不含豐滿諸義。

丽 簡字　**麗** 正字

麗字從鹿。其上是兩隻鹿，一前一後，結侶而行。遠看三條腿腳，頭上一横是鹿角。二字古音丨與麗同。麗字義為二鹿，所以夫婦稱儷。古人觀念，雌雄成雙吉祥，左右平衡好看，麗遂有了美麗一義。簡字丽二鹿共一角，三腿成兩腿，變形太甚，看不出是兩隻鹿了。

构 簡字　**構** 正字

構字說清楚，須先說冓gōu。看金文和甲骨文，冓象二魚相遇接吻。添雙人旁，即從行者，這是二人路上相遇，便成遘字。篆文雙人旁下又添止（左腳），走路的意思更充足。二魚接吻，古人未見魚類性交，以為接吻便是性交。二魚接吻，比於人類，乃有交媾之說。如此說來

冓gōu　遘gòu　篆文　金文　甲骨文

，構字的本義應該是房屋樑柱的卯榫交合，蓋自人類兩性交媾之義推演而出。正字構(竟)使(後)四千年的我輩能從中探索到(先民)的思維模式。噫，神奇哉，漢字也！簡字构一出來，歸路就切斷了。從冓得聲義的，尚有覯，音義皆同遘，以及篝韝皆未被簡。購和構都被簡，最觸霉。

难道講字也與二魚相遇有關係嗎？當然有嘛。講是教師學生課堂相遇。簡字讲是井邊發言嗎？

製字從衣從制。篆文制字從刀從未，象刀砍樹顛的意思，屬於象意字。某些樹木如桑柘和樟柚，不能任其"瘋長"，必須及時剪枝，制止。皇帝稱制誥，官方稱制度，都有居高臨下之意。工匠造物祇能用製，等同女紅gōng。以制代製，無助於彰顯歷史的真相。

簡字图来自金文的圖字，當係仿其筆劃，(中間)姑且作冬。但是遗漏了其下的心字。此金文圖義指心中企圖。作畫先須心中有圖，經繪製而成畫，故曰圖畫。簡字图未準確表達本義，何必多此一舉。

讲 簡字　講 正字
制 簡字　製 正字
图 簡字　圖 正字

篆文制

金文圖

零九二·望

望（简字） 望（正字） 望（篆文望）

他说这叫规范字，不叫简化字。我说确实一笔未简，仍旧十一划。但是简了笔顺，写起来更顺手。我认为这个字有问题，应该回归正字。看篆文望从臣。臣象眼睛瞪大，就是瞋字。其下一人停在土上，就是壬字，音tíng，义与停同。用壬作声符的廷庭蜓莛霆侹挺珽梃烴鋌艇斑颋綎蟶共十七字《新华字典》全都错了，错在把壬tíng弄成壬rén了。从字形说，壬象一人肩任担子，可看篆文。

壬(rén) 壬(篆文) 壬(甲骨文)

将篆文壬左旋90°，便见真相。甲骨文则是一副担子放在那里，无人肩任。壬任古今字。至今仍说"担任"和"压担子，任务重"。从读音说，壬声与壬声有距离，亦不便借壬来作声符。既是之故，望是人停土上瞋目看月（朢）。后来省臣，用亡字作声符，此即今之望字。其下有写成壬字的已经弄错了，他又错上添错，把壬弄成王了。看月必须王乎？那就作声符，难道不行吗？不行，左上已有亡作声符。祇有笨人造字，一字要用两个声符。回头说望。吾民劳作，无暇游目仰观。日入而息，早早上朎。阴历每月十五月圆，亦不免看看张果老砍桫椤树，所以十五曰望。

第183页

中國作家協會四川分會

窃 (簡字) 竊 (正字)

竊字義指鑽穴偷米。禼是聲符,古音xié。竊這個字幫助今人認識古代社會真相,那時的賊不過偷些糧食裹腹罷了。簡字窃要動刀切割誰呀?或用氫氧焰切割保險櫃?好端端且有趣的正字被廢,弄個令人遐想的簡字來搪塞。

卨 (簡字) 禼 (正字) 禼 (古文禼)

禼xié即今之蠍子。看古文禼象形,有鉗有尾。其下一隻右臂橫胸,是人向蠍子致敬求保佑。簡成卨,從占內,無解。

灵 (簡字) 靈 (正字)

古人相信巫師有靈,能通鬼神,謂之靈巫。靈字從巫霝聲。小雨曰霝,字今作零。巫師和小雨沒關係,霝祇是純聲符。簡字灵,看字形是右掌烤火,無解。

枣 (簡字) 棗 (正字) 朿 (cì) 朿 (篆文)

二朿壘疊是棗,獨立上聊而高。二朿並列是棘,成叢橫蔓而矮。朿字象樹木有尖刺形,看篆文便曉得。棗結實大,俗稱大棗。棘結實小,古稱羊棗,又名軟棗。棘也有不結實的,尖刺特多。簡字枣從朿從二,二其朿也,固然也通。但是終不如正字棗之上聊而高,字形顯示明白,且可與棘字映照,教學童對比識字。

第184頁

零九三. 塗脣節婦歸掃臺

中國作家協會四川分會

涂 簡字 / **塗** 正字

涂本來是水名，水出川南，流入雲南。古代字少，借作路途和涂抹。後嫌不便，乃造途塗二字，不再借用水名之涂。何必又退回古代去，以涂代塗。

唇 簡字 / **脣** 正字

脣從肉辰聲，嘴脣。唇zhēn字見《說文解字》云"驚也"。唇驚今曰震驚，唇即震也。人震恐則張口，所以唇從口也。將唇zhēn拿來改易讀音，改篡字義，充當脣的簡字，遷就流俗太過。脣唇本非一字，各立門戶為好。

节 簡字 / **節** 正字

《說文解字》："節，約也。從竹即聲。"節約一詞由此而出。竹節有約束的作用。草木莖幹也有節，終不如竹節作用明顯。所以節從竹不從草，簡字节沒道理。人體也有節，關節。其字作卩jié，篆文象膝關節。注意不是象人屈膝而跪，這是大腿和膝關節以及小腿的象形。即字篆文左旁飯食，右旁從卩jié，意謂節食，飲食要有約束。即是節的聲符，但也參與字義。節字強調節約，取義於節食的即。簡字节僅剩下草莖關節一義，人文內涵盡失，不可取。

即 卽 篆文 / **卩 卪** 篆文 jié

妇　婦　　婦字從女，手持㨢刷。　帚　帚　帚
簡字　正字　看甲骨文便知此非掃　　篆文 金文 甲骨文
　　　　　地之帚，而是梭絲編
　　　　　織的㨢刷。金文添橫置
的工，表示刷柄纏繫。柄部若不纏繞緊密，便易
鬆散。篆文變成掃地的帚了，於字義不合。須知掃地有僕婢，
何必主婦。刷㨢則主婦順手為之。這個㨢
刷之字，在金文和甲骨文，恐應視為拂字，作名詞用，音fú。
右旁帚已錯了，更簡成ヨ(手掌)，就錯得找不到回家的路了。掃
地之字,今已作掃，亦簡成扫，左右皆手，無解。

归　歸　　歸字從婦省(省女旁)，從止(左腳表　　　　　　　　　　　　　　　　　　　　　　　　
簡字　正字　示走)，丘聲(丘古音guī)。甲骨文丘
　　　　　側立,易與甲骨文堆混同,導致歸字錯誤,將
丘錯成𠂤了。歸字義為　　丘 ⛰ ⛰ 堆 𠂤 𠂤
婦人歸寧,回娘家去。簡　　　篆文 甲骨文　　篆文 甲骨文
字归無解。

台　臺　　台字古已有之。從口㠯聲，義與
簡字　正字　怡同。古書上的"台說"就是怡悅。台字
　　　　　早就拿去充當臺的簡字，改音tái了。應
當回頭，與臺各立門户。

零九四·嚴辭極備淵肅範

中國作家協會四川分會

严 簡字　**嚴** 正字

嚴字用严作聲符。严即今之岩，古之嵒和巖，象山崖上岩石纍纍形。注意上面不是二口，在金文那是圓滾滾的石頭，而且三塊，乃知此即嵒字。严作聲符利於讀音。將此聲符變成严字，不利於讀音，且喪失字義。須知嚴是從敢得義的。敢被拿掉了，從何瞭解字義耶？

辞 簡字　**辭** 正字

辭字從𤔔（亂）從辛（鑿）。𤔔字象雙手糾細絲成線，意思是總合。《離騷》的"亂曰"即"總而言之"。字從𤔔者，總結成言。字從辛者，鑿刻成文。辭字義指文辭。簡成辞爲無解。順便提醒，舌非舌。舌本𠯑，音讀kuò。辭若簡成辞，舌能言，尚可解。誤寫成辞，則無解矣。

极 簡字　**極** 正字

極字從木亟聲，義爲樹梢，泛指頂點和終端。到頂了，將終了，事趨爲亟矣。可知亟亦參與字義。簡字极無解。

备 簡字　**備** 正字

備是個啥東西，兩千年前許慎《說文解字》已經說不清楚解不明白。許慎用自己的名去詮釋備，認爲備者慎也，而慎是指慎重。姓許名慎字叔重，名與字相關嘛。祇有到金文裏，乃至更古老的甲骨文裏去查，方能

認透這個備字。看甲骨文乃知這是箭籙，盛箭桿的盒子，掛在腰間，以備射用。金文走樣，

備 備 備　由 由
篆文　金文　兩個甲骨文

篆文變形，楷書又規範化，沒人知曉是啥東西。現在認透了，恍然領悟"有備而來"的意思了。正字備尚能看見演變的痕跡，簡成备就永遠回不去了。

淵　淵
簡字　正字

江河有深水處不可涉，造此淵字，以警戲水孩童。金文淵畫橫欄表示此處勿涉，涉將沒頂，危及性命。當然不是河心置欄，警喻而已。簡字渊在河中撒米，讓學童去遐想。

金文淵

肅　肅
簡字　正字

肅字從（淵）聿聲。聿讀su要。淺灘激流，溢渦喧鬧。深淵則沉靜矣。《莊子》稱至人"雷聲而淵默"，知淵訓靜，所以肅字從淵。簡字肃無解。

范　範
簡字　正字

範和模，範是範型，模是模型。金屬澆鑄用之，故稱模範。范據《說文解字》乃是草名，與範絕無關係，豈可抹掉字義，拿去作範的簡字？

第188頁

零九五·東鄰戲劇虧壺蓋

中國作家協會四川分會

东 簡字　**東** 正字

正字東受看，簡字东難看，小孩憑直觀也心中有底。何況正字東據《說文解字》"從日在木上"能附麗在古代神話日出東海扶桑的想象上，使其字形增添魅力。簡字东字形使人覺得像一具支架，上下鬥錯榫，歪了要垮了。

邻 簡字　**鄰** 正字

正字鄰，簡字邻，皆形聲字。左旁都是純聲符，不存在誰對誰不對的問題。令我不解的是從粦得聲之字，粼嶙遴潾璘磷瞵翷膦麟鱗轔驎都保留了粦，唯獨鄰簡成邻。順便說說，粦刈的篆文，上部從炎，炎即焰，蜀人叫火尾子，下部從舛，舛是左右雙腳的變形，表示跳動。粦象燐火飄動之意，無關鄰里，祇作聲符。

戏 簡字　**戲** 正字

戲字從戈虗聲，戰戲也。戰戲就是武打表演，所以從戈持械。虗祇作聲符，不參與字義。虗乂是陶製容器。此字從豆，豆是一種高足碗，祭祀用，虎省聲。簡字戏從戈而又之，戈了又戈，不知所云。

剧 簡字　**劇** 正字

劇字從刀豦聲，意思可能是指刀法厲害。聲符豦刈也參與字義。豦是老虎野豬打架，拼死相鬥，很厲害的。凡事做得太甚，曰劇。表演太激烈，就像真打了，所以叫戲劇。簡成居聲作剧，喪失"像真"之義，枉自劇了。

亏 虧
簡字　正字

就說虧字，從亏wū虜聲。虜kuī字義待探討，知其為聲符就行了。虧字義指氣損，今曰氣虛，肺氣腫引起的呼吸急促症狀。虧字從亏wū者，事關呼吸也。他把聲符虜kuī廢掉了，強迫亏wū改音kuī。也不想想，亏改音kuī了，那麼污圬二字讀音也得跟着改了。

壶 壺
簡字　正字

壺字象形，看金文壺便知。可以臆想，最初造此容器，因形狀似人腹，口頭上稱腹部。後造象形字壺，雖經逐漸規範，仍保留了大腹之狀。簡字壶瘪了，還能算是壺？

金文壺

盖 蓋
簡字　正字

蓋字從草，草編苫也，盍聲。篆文盍象器皿盛物，上覆器蓋之形。上部筆劃同大，但非大小之大，直象器蓋之形，而且蓋上加蓋，意在保溫。簡字盖看不出有草苫的意思，因為不從草了。其上部與羌字之上部同，是從羊也。皿上一羊，同蓋盍扯不攏，弄不明白字義。

篆文盍

第190頁

零九六·幾几饑飢繼斷蟲

中國作家協會四川分會

几 幾
簡字　正字

凡
篆文几

几字古已有之。宋代以前，居家都是席地坐跪，祇用矮几，不用高桌。篆文几象形。至今猶存的是客廳沙發扶手旁的茶几。几不能拿去充當幾的簡字，因爲在下認爲几幾二字拉扯不攏。幾乃蟣之本字，就是衣蝨之卵。舊時普遍貧窮，衣褲換洗不勤，蟣蝨常見。我在成都上高中時，同寢室的皆生衣蝨。古代應更常見，連當大官的都以"捫蝨笑談"爲雅事。看甲骨文四蟣，兩兩相接，隱於衣縫。

篆文幾　金文幾　甲骨文幾

寫出來便是丝，在卜辭裏音假爲兹。到金文添戍而變幾，因爲戍邊士卒無人不生蟣蝨。幾訓微，蝨卵蟣微小也。珠之不圓者曰璣，蟣形橢圓也。荒年歉收，食少曰饑，小即少也。本義爲蝨卵的幾字借用爲微小，爲短少，所以祇得添蟲旁另造蟣字。幾簡成几，將永遠捉不回蝨卵了。

饥 饑
簡字　正字

飢饑皆正字，亦古已有之。餐前餓了曰飢，荒年食少曰饑，用處各異。他既然已經把幾簡成几了，所以順水推舟，以飢代饑，來個痛快，同時把食旁也簡了。

继 繼
簡字　正字

繼字簡成继字，亦即繼簡成继。繼jì字見於《莊子》："種有幾，得水則為繼。"意思是生命種子最初為單細胞，很小很小，無以名之，乃借蟲卵之名，名之曰幾（蟣）。幾得水而生長，一個細胞裂變為二，就叫繼jì。前已說過，丝（幾）是蟲卵四粒，裂變成繼，便是八粒。所謂繼承，這便是了。繼字的折線音yǐn，義同隱。二折線即隱了又隱，肉眼看不出來，太小太小。如此微妙的繼，令吾人歎服先哲心智之淵深，被他簡掉，可惜可惜。

断 斷
簡字　正字

斷字從繼，繼承上了。右旁有長柄斧（斤）砍過來，又斷了。你看斷字造得多好。奈何連坐被簡。繼斷二字若不回歸正字，就很難講明白。

虱 蟲
簡字　正字

蟲小而多，所以三蟲，正如鱻（鮮）是小魚。蜂蚊從前寫成蠭蟁，因其小而多也。鄉俗云："蟲會飛。"不可信。其字從卂xùn，《說文解字》釋為"疾飛"，由此致誤。其實卂乃隼之古寫，獵隼也。獵隼捕鳥，其飛疾速，所以迅字從卂。蟲從卂者，此蟲在人體吮血，其繁殖極迅速也。簡字虱無理且無趣。

零九七. 崑崙郵遞點電燈

崑崙山在吾國古代神話裏佔重要位置，具豐富的文化內涵，山頭保留為好。字從山，其所指便明確。山拿掉，昆字多義，其所指易歧異，沒好處。

崙字簡成仑，上下雙簡了。簡字仑，俗以人懷匕首喻之，不祥也。且說侖lún是什麼。侖本動詞，甲骨文從口從冊，國王大嘴巴在上面宣讀冊命。冊，皮條編排竹簡，漆書文字於上。侖總是有理的，倫理一詞由此而出。後來不管是或不是國王，祇要說的話有道理，皆可曰論。侖簡成仑，害得倫論掄圇淪編輪，和崙一樣，皆受其害。

郵字簡成邮字。古代道路每三十里設一驛站，快馬傳遞公文。邊境上的驛站名叫郵站。現代郵局濫觴於此。郵字從垂，指境界上的邊陲。就憑這點，郵字可以幫助我們瞭解古代的郵傳制度。簡成邮字，一看就曉得讀音緣由同，或利於掃盲吧。至於古代制度，唉，那就免談了。

递 遞
簡字 正字

遞字按《説文解字》意思是"更易"，也就是更換。更換什麼？更換馬匹。跑傳邊境緊急文件，愈快愈好。前馬已跑三十里，所以要換馬。虒 是民間傳説頭上有角的虎，能代替虎。虒者替也，亦參與遞之字義。簡成逓，字義便受損了。

点 點
簡字 正字

點字從黑占聲，義指黑點。孔門弟子曾晳字點，取名字於白黑相映，可知點具黑義。簡成從火（四點），字義被改成點火，失其本義矣。

电 電
簡字 正字

電指雨中閃電。《莊子》："雨中有火，乃焚大槐。"寫閃電也。電字從雨申聲。申古音chēn，押紲條的押。看籀文那正是雙手在押紲條。可知電古音chēn。但是電的字義乃閃電，非押紲條。提供字義的是雨頭。他把電簡成电，真是胡來。

申 申 申
chēn 篆文 籀文
第194面

灯 燈
簡字 正字

登是陶製高足的淺碗，盛肉羹用。若盛植物油，内置蔴芯草，用以照明，便是燈盞。所以燈字從火從登登亦聲，不能簡掉那個登字。

零九儿·兩隊蟎蟲蠱害人

两 兩 简字 正字　**网** 篆文兩

篆文兩原以為象雙魚的尾部，魚以尾計。後讀《世説新語》，見晉朝人鞋子不叫一雙而稱一兩，始悟篆文兩正是一雙木屐啊。木屐又名屧，音屟。鞋木板為底，前有皮製鼻梁成人字形，用以隔開大趾，後無鞋跟，鞍着走路。正字兩上加一，意即一兩（一雙），中有直杠，尚存左右兩隻之形。簡字两無中杠，看不出這是左右兩隻鞋。

队 隊 简字 正字

隊從阜從彖。阜，山丘。彖zhì，野豬。野豬結隊下山，啃食莊稼。《左傳》杜注"百人為隊"，借指隊伍，由彖而人。簡字队，野豬改成人員，看似正確。但是解釋不了何以從阜，徒孳困擾，不如正字隊之存真為妥。

蟎 蟎 简字 正字（瞞字由此而造）　**㒼 㒼** mǎn 金文㒼

蟎字蟲旁是後加的。㒼mǎn字看金文是整體象形，上既非草，下亦非兩，而是一隻體型扁圓，短腳隱於腹下，口器鉗形的蟎。蟎類極多，小的小到肉眼無法看見。最常見的有葉蟎，俗名紅蜘蛛。金文㒼字就紅蜘蛛象形。予曾炎夏勞作棉田，遇紅蜘蛛爬滿下身，低頭狂抓猛拍，但

第195頁

見滿腿密密麻麻極細微的紅點紛紛逃散，此即葉蟎。如此微蟲，切莫小看。玉之有赤瑕者名璊，黍之有赤苗者名虋，取名皆緣自可厭的紅蜘蛛。蟎簡成蚂，從草從两，不但字形無解，造物真相亦一併湮沒矣。

虫　蟲
簡字　正字

䖵原指小蟲，正如鱻(鮮)原指小魚。蟲若作偏旁用，放在左邊，不便安置，不得已簡作虫，例如蚊蝙蛇蛙。若作正字，自應作蟲。因為古代虫亦正字，音義同虺huǐ，眼鏡蛇也。蟲普遍簡成虫，當置本義為眼鏡蛇之虫huǐ字於何處耶？

盅　蠱
簡字　正字

蠱字淺人見有三虫，便誤以為將許多蟲放在皿內，任其互噬，最後的存活者便是最毒之蟲，其名曰蠱，能夠拿去"放蠱"害人。此種妄說出自"望文生義"，竟被《新華字典》採納。他不懂得蠱乃是會意字，從䖵從皿都是比喻。蟲喻毒物，皿喻飲食，投毒物於飲食以害人，曰蠱。蠱字見於經籍，絕無多蟲入皿之解。前已說蟲不應簡成虫，當然蠱也不應簡成盅了。何況他已採納淺人妄說多蟲入皿，現在又來簡三虫為一虫而字作盅，豈不自我矛盾耶？

零九九·獸號驚蝦偉傑慄

兽 / 獸
簡字 / 正字

獸字義指一般的哺乳類動物，這是今義。考其字形和讀音，最初應是動詞狩字的異體字。拆開看獸字，從單從犬從口。單字象投石器，繩端纏石，揮擊鳥兔。兼作武器用之，所以其下從干（盾牌）。至於從犬從口，嗾獵犬也。右執投石器，左牽犬，去狩獵嘛。後來詞性演變，被狩的動物也稱之為獸。簡字兽，投石器祗剩兩點，繩和皮兜不見了，有口無犬嗾誰呢。

單 單 單
dān 金文 甲骨

号 / 號
簡字 / 正字

号字從口丂聲，人嚎。号也是正字，古已有之。號字則虎嘯也。号號二字應該並存，使人獸有別，且豐富詞彙。英語單詞已逾百萬，漢語多一些詞彙有啥不好。

惊 / 驚
簡字 / 正字

馬易受驚而狂跳，所以拍馬屁也要小心。驚字從馬從敬敬亦聲。敬即儆，自警也。簡字惊無趣，京祗表音而已矣。

虾 / 蝦
簡字 / 正字

玉有赤斑曰瑕，馬毛赤色曰騢，皆從雲霞之色而來。推知蝦亦因其紅色似霞而命名也。蝦字從蟲叚聲，非純聲符，而有隱義寓於聲裏。簡成虾，隱義失。

第197頁

伟　偉
简字　正字

偉字從人，令人想到偉人。怎樣做能偉大起來，字裏有答案嗎？簡字伟裏可能有吧。韋字草書作韦。韋字偏義可指皮革。據説古人收藏皮革的辦法是繞木軸而圍之，愈圍愈大，如機製捲筒紙，這樣就大起來。韋字正象皮草繞軸之形。但是韋字本義却與皮革毫無關係，看甲骨文是城外有兩隻左脚（表示兩人走路），一向左去，一向右去，互相違背。正字韋尚存違背的意思，簡成韦就喪失古義了。

韋　韋　韋　韋
wéi　篆文　金文　甲骨文

杰　傑
简字　正字

傑字初作桀，上面兩個倒置的止，表示雙脚，踩踏木上，字義是踩高蹻。人踩高蹻，矮子都傑出了。簡字杰的來歷不明，南北朝時始用來取名字，音義同傑。杰字從火從木，與甲骨文尞字相同，義為燒柴祭天。當作傑的異體，道理上説不通，本應存疑，不用為好。

栗　慄
简字　正字

栗字上非從西，在篆文是栗房象形。栗子成熟時，栗房要炸裂，啪的一響令人驚慄，嚇得身上戰抖。慄從豎心，指心理的反射行為，哪能簡成名詞的栗子呀。

一零零・猶猷尤親孰弔喪

犹（簡字）　**猶**（正字）

猶字本指狒狒。古名狖you。狒狒頭部似犬，所以相似曰猶。不但狒狒名猶，you聲之字，扮演他人曰優，頭部似烏賊曰魷，形狀似鼠曰鼬，多腳爬行似蜈蚣曰蚰蜒，梭子蟹似螃蟹曰蝤蛑，狗尾草似穀子曰莠，用來誘捕同類的鳥媒曰囮，性情近似而為友，皆是如此。猶字本義早已埋沒，唯餘相似義至今。猶字有犬旁右移的作猷，一字兩寫，其義一也。不過經籍猷訓謀畧，古已習慣，不可究詰。但是猶簡成犹，還須商量。尤字應是鼬字古寫，看古文字正象軀長尾大的黃鼠狼。猶簡成犹，將誤導後來人認犹作尤（鼬），徹底遺忘猶本指狒狒也。

尤 you　篆文　金文　甲骨文

亲（簡字）　**親**（正字）

親字從見，義為親自目睹，親自到場。本家親人的親要加寶蓋，其字作寴。後嫌麻煩，以親代寴，遂不可改。亲字作聲符用，與親見親臨以及家人毫無關係。亲字從辛（象木柄雕刀形）從木，彫版刻字也。如此說來，亲就是錂gin，所以不能拿去充當親的簡字。這裏彫字，也是正字，不應被猛禽的雕字取代。彫字從彡shān，繢也。從彡之字多有修飾之義。他嫌字太多了，所以任意合併，這叫"規範"。

热　熱
簡字　正字

他先把正字執簡成执，又把正字熱簡成热，就鬧出执火為热的傻話來。豈止熱，那樣會燒傷手！原已說過，執字義為抓捕人犯，左旁本非幸運的幸，在古文字那是一副木製腕銬。熱字則是從火埶聲。埶yì看古文字便知那是人蹲土上栽培植物，亦即蓺字，所謂農蓺是也。再演進為藝，便是藝術了。藝字又嫌不好寫，簡成艺。筆劃固然省了，却講不清為何草乙便是藝術。

埶 yì　篆文　金文　甲骨文

吊　弔
簡字　正字

弔字看古文字是又用棍挑蛇離地頭向下，以便捉捕。弔古音dào，即倒字，倒置的倒。弔問，弔喪，弔唁，皆借其聲作到場的到用，並無深義。簡成吊不行。吊字象吊死者雙脚併攏，兩臂下垂之形。

弔 diào　金文　兩個甲骨文

丧　喪
簡字　正字

甲骨文喪從四口，象多人号哭，桑聲。金文繼承。篆文改作從哭從亡，哭亡為喪。正字繼承。簡字丧，口沒有了，怎樣哭呢？

喪 sāng　篆文　金文　甲骨文

一零一·糶糴煉鋼鐵築基礎

糶字義為賣糧食，音tiao。從出從米，由此得義。翟是聲符，簡不得。還有呢，簡字粜瘦高不好看。《說文解字》有糶，泛指穀物。後人加出加入，方有糴糶二字。

糴字義為買糧食，音dí。從入從米，由此得義。同樣，翟亦聲符，簡不得。簡字籴也瘦高不好看。糴糶屬雙聲連綿詞，正如古代傳說的怪獸饕餮（taotie二音），貪食無饜，不停排泄，不停吞食，循環不已。連綿詞皆須從讀音求義。

柬聲之字，楝瑓闌鍊不簡柬，而煉揀练却簡了，隨他的便。還有呢，柬字既然未簡，為啥沾上火旁手旁絲旁就非簡不可。其間取捨存亡全無定準，不是給寫字人故意為難嗎？

金旁簡了難看。鋼字岡聲，含有岡岩堅固之義，是亦義在聲中。岡字義指山脊，岡岩裸露在外。簡成冈無解。

金字從土，土中兩點金粒，今聲。金旁簡了難解。鐵字載聲。唐代石經有簡成铁字者，後終放棄。

筑／築　簡字／正字

巩𠔏 gǒng 金文

築字從巩gǒng，金文是那人雙手在做工，象意。其下從木，用木杵做工也。其上是聲符竹，音讀zhú。築字義指用杵舂緊土牆。《詩經》之"築之登登"就是舂得咚咚響音。建是建房，築是築牆。至於筑，拿掉木杵不舂，字義便大不同，乃指古代十三絃的琴類樂器，所以不應該充當築字的簡字。

巩／鞏　簡字／正字

前已講明，巩是雙手做工。鞏字當然是皮革加工了。皮革加工變硬，謂之鞏固。拿掉革，誰知道那雙手做的是什麼工。如此說來，巩不能充當鞏字的簡字。

垒／壘　簡字／正字

壘字從土畾聲。纍罍蠱儡和《詩經》內的靁皆用畾作聲符。唯獨一個壘被修理成垒。須知畾象球形閃電，俗呼為地滾雷。簡成三厶（私）反而説不清了。

础／礎　簡字／正字

礎字從石楚聲。石磴挿入地面，用以承柱，曰礎。蜀人呼為磉磴。楚字義指平林，又稱平楚。柱礎不能有高有低。同一屋構之下，所有柱礎必須平等。可見正字礎是有道理的。簡字础却講不出道理來。

一零二. 擁護憲法慶麒麟

中國作家協會四川分會

拥 / 擁
簡字　正字

擁字乃攤字的變體。攤，抱也。字義由邕yōng而來。邕字從川從邑，河川圍繞城邑，是象意字。變變字形，換個寫法，成雍。意思未變，仍舊是水抱城。所以擁抱、擁護、擁有右邊必須要有雍（雝）。簡字拥沒有水抱城，字義便喪失了。

护 / 護
簡字　正字

護字尚未造時，已有獲穫二字。獲huò字犬旁，狩獵的收獲。穫huò字禾旁，種植的收穫。不論獲穫，都要保管好。這樣，就造出以獲穫為本體的護字。字從言者依法保護也。簡字护怎樣講？是他們唱的"該出手時就出手"破門而入嗎？

宪 / 憲
簡字　正字

憲字從目從心，義為眼明心慧，害省聲xiá讀。後來音xiá轉成xiàn，字義同時變成法令，實出自車輪軸端轄鍵之譬喻。轄鍵插在軸端，管住車輪使不外逸，脫離車軌。管轄一詞由此而來。法令譬如車轄，起到管轄作用。憲字害省聲管之已，轄義的寓聲中。所以憲字上半部簡不得，簡了會使字義受損。簡字宪講不出憲轉義為指法令。怎樣從眼明心慧

法 正字　**灋** 古寫

荐 簡字　**薦** 正字

庆 簡字　**慶** 正字

由憲字說到法字。法字古寫筆劃繁多，作灋。此字反映出遠古先民怎樣看待法制。灋字從水，要平如水。右上從廌zhài，神獸，又名解廌。在法庭上，訴訟雙方誰是誰非，要由神獸判斷。右下從去，去就是驅逐，神獸解廌出庭，驅逐有罪的一方。灋字是活化石，簡成法。

薦字從廌zhài從草。古代神話說，天神賜解廌給黃帝，介紹一種名薦jiàn 的草可飼解廌。推薦一詞由此而生。薦草後人又用來織臥蓆，所以草蓆又叫草薦。薦字與灋字有關係，涉及先民法制觀念。簡成荐，這種關係就斷了。

看正字慶，上面從鹿，知屬鹿類。又看甲骨文從文，知其軀體或有斑紋。到金文▇▇▇，文變成心（其實是斑紋的象形），又添一尾。再到篆文，下面從倒止（其實是足和尾）。慶字緩讀，分離為qi ling二音，就是麒麟。反之，麒麟拼音成慶。麒麟確有，即長頸鹿。雙角短小，遍體斑紋。古人視為祥獸，可喜可賀。喜慶一詞生焉。簡成庆，人將誤以為與廈同類，房子很大。

篆文　　兩個金文　　甲骨文

一零三·識職幹乾干審錄

职 (簡字) **職** (正字)

職字從耳，聽分咐也，戠聲。本指官職，後泛指各種職業。戠zhì即識，款識，標識，博聞強識。今人不知識音zhì，多寫成誌，勉強可通。篆文識從戈，左旁一音一言。古文字裏，音言二字音義相同，所以就重複了。金文和甲骨文從言從戈，字義為戈矛柄端刻字款識之，或刻符號以標識之。可見戠是識的古寫，言旁是後加的。款識，標識，認識，知識，魚貫而出。簡字識喪失了戈矛刻字符之本義。回頭說職，除了聽分咐外，還要具備認知能力。可見聲符戠也參與字義，簡不得。

识 (簡字) **識** (正字) **讖** (篆文) **戠** (金文) (甲骨文)

干 (簡字) **幹** (正字)

干本正字，義指盾牌，防鋒鏑用，象形。戈用於攻，干用於防。干戈概括一切兵器，古今通義。幹gàn則樹身，與盾牌無關係。幹簡成干，太不講理。他見幹字含干，便以干代幹。他不知幹乃俗字，原本作榦，從木而非從干。又有乾溼的乾，他也簡成干了，亦不講理。他曾把乾也簡成干，引起抗議，乃罷。

干 gān (篆文) (金文) 盾牌

审 審
简字 正字

番 番 番
篆文 金文

審字從宀miǎn，可知事在室內，從番又是何物？番即蹯，獸腳掌。熊掌古稱熊蹯。番字從田，獵田，狩獵的草澤地。田上非采，乃象野獸腳（之形）跡。多數獸跡早已熟稔在心，一瞥便認識。心上明白的獸跡，就是熟悉的悉。發現不熟悉的獸跡，當作樣本採回家去研究，就是審案的審。審字造得如此之有靈感，令我停筆，向天三拜，敬禮倉頡。可惱的是審簡成审，申，看甲骨象折枝閃電形，所以神字從申。看籀文又像申在抻麵條，申即抻。看篆文明明是繩牽伸。這审字沒明堂，不可說。

悉
篆文悉

申 申 申
篆文 籀文 甲骨

录 錄
简字 正字

录 录 录 录
金文 兩個甲骨文

录乃正字，甲骨文早就有。看古文字，录象用濾粉漿之形。糧食加水，石磨成澱粉漿，盛入布袋。袋口橫紮，懸吊起來，點點滴滴。古今學者都看錯了，說是在剝獸皮。不知录即盂字，下面多一容器接水。錄取公務員和學生，考試便是過濾。開會要有記錄，用筆過濾發言人的詹詹費辭。錄字本義指青銅色，音假以代盂字。《新華字典》："盝，濾，過濾。"

一零四·寧宁薴苧閭與閆

宁 寧
簡字　正字

他完全不考慮這個宁是正字，硬派去充當寧的簡字，以至惹出許麻煩。宁zhù象立櫥形，分層分格貯藏物品。上非宀，下非丁，而是整體象形，金文一眼看出那是立櫥。櫥藏財寶，造貯字。櫥立似人站着等待，造佇字。櫥中物品賭博似人之多智慧，造訏字（道光皇帝取名）。宁既當了寧的簡字，還要兼任寶的簡字，一僕二主，夠累。正字寧從宀從心從皿從丂，四個單體的文合成一個複體的字。先說丂，丂Kē是柯的象形字，音假以代可字，表示肯定，確定，穩定。再說皿，皿是碗的象形字。家中飯碗穩定為寧。金文添心，便有了寧願的意思。寧字簡不得，簡了字義就喪失了。

宁zhù　金文　甲骨文

金文寧　甲骨文寧

亠 宁
簡字　正字

他不承認正字宁zhù簡成亠了，所以《新華字典》不收亠字。但是又收了簡字贮（貯）伫（佇）讠（訏）苎（薴）纻（紵），這不是掩耳盜鈴嗎？三十多年前，他宣佈把宣字簡成亠，被人嘲笑為一頂帽子下面一根棍子。現今又拿來做宁zhù的簡字，悄悄做。

第207頁

苧薴
簡字　正字

前面說苧麻的苧zhù簡成苎了，怎麼又冒出一個苧薴？嗨，你得小心些，這回你遇到的苧已非苧麻的苧zhù。照他說的辦吧，這個苧要讀níng，是薴的簡字。準此類推，還有拧（擰）咛（嚀）狞（獰）柠（檸）聍（聹）泞（濘），你別讀錯了音。你得訓練自己死記。記牢以後，讀《詩經》遇到羜字，義為未成年的小羊，你若也讀níng，那就錯了。還有宁字，義為貯米的囤子，與羜相同，都以宁做聲符，讀zhù。他將留下種種麻煩，害幾代人。

阎閻
簡字　正字

閻字簡成阎字，源於門簡成门。雙扇門沒有了，僅存門洞。他說此即門也，那就是門。從門臽聲的閻，義指閭閻，今曰里巷。按《說文解字》應是指里巷內的門，所以字從門。閻亦姓氏。周武王封吳泰伯曾孫於閻鄉，因以為姓氏。現今又冒出一個闫yán字。他說這也是姓，不是閻的簡字，且與閻姓互異。照他的說法，闫的正字作閆。原諒我無知，不認識閆字。《說文解字》查了，沒有。《辭源》查了，也沒有。閆字從門三聲而音讀同閻，這不可能。明明就是閻的減筆字嘛，他說不是。

闫閆

一零五·恆憶讒巇鬱以齺

恒 恆
簡字 正字

恆字簡成恒字，錯在不知右旁亙亘二字各具音義，不能互相置換。亙 gèn 篆文象舟橫梗在河面上。亙，梗阻也。亘 huán

亙 亙 亘 亘
gèn 篆文　huán 篆文

篆文象河水漩渦。宣洹二字皆以亘為聲符。舊時寫異體字，恆也有作恒的。字要求規範，不該這樣寫。

亿 億
簡字 正字

億字是從意字分化出來的，魅作意。《論語》孔子說子貢做生意買賣"億則屢中"即今人常說的"心想事成"。心想即意想，也就是億想。人旁是後加的，沒多大的意思。所以，億字可簡掉人旁，而不可簡意為乙。乙放在那裏成亿，便無義可講了。萬萬為億，古人認為數目太大，超出日常經驗，祇能意想罷了。

忆 憶
簡字 正字

憶字同樣道理，可簡掉心旁，而不可以簡意為乙。乙放那裏成忆，無義可講。

谗 讒
簡字 正字

讒 chán 從言毚聲。毚是一種大型野兔，古稱狡兔，能鬥獵鷹。毚聲之字，鑱是用銳器刺戳，巉是山勢險惡，儳則形容蓼"儵前錯後"隊列參差不齊，皆無好義。讒也絕非良言善語。小人所進讒言，兇狠險惡，自不用說。簡字谗，狡兔之兔簡成"兔二"，不知所云。

蔑 衊
簡字　正字

兩個都是正字，讀音相同，字義相近而有程度上的大不同。蔑字義為輕視眇眼，俗語小看。衊則不但輕視，而且用血（狗血）塗污對方。君子不怕被人小看，就怕遭人污衊構陷。衊字萬萬不可簡成蔑字，冤屈的受害者不允許。

郁 鬱
簡字　正字

兩個都是正字，音同義異。郁郁形容文采，郁穆形容和美，郁馥形容花香，郁烈形容酒香。鬱則形容林木茂密，從而引出陰鬱形容天氣不好，憂鬱形容精神不振。郁不能做鬱的簡字。

毙 斃
簡字　正字

《說文解字》尚無斃字，當係晚造。彼時人諱言死，祇說"敝了"，也就是破敗了。篆文敝左旁是一件破衣衫，右旁一手拍打。由於拍打，所以破敗。用衣衫破敗了比喻人死了，顯得委婉些。斃字上面的敝不能用比置換，道理就在這裏。何況"比死"未免可笑，學童問起，不好回答。

敝 敝
bì　篆

一零六·墾嶺揹芻勝據寶

垦 墾
简字 正字

墾字從土豤聲，義為開墾荒地。注意齒牙咬齧之字有三：人齧為齦kěn，豬齧為豤kěn，野獸咬齧為貇kěn。今已從簡，俱作啃矣。荒地土表下多石塊，鋤之鏗然有聲，如虎豹之啃嗑骨頭。墾字含有啃義，所以必須從豤。簡字垦不但丟義，而且從土從艮，涉嫌同垠yín。

岭 嶺
简字 正字

山脈自成一系，而嶺處於領導之勢，所以字從領也。領是人的頸項。前看是頸，後看是項。頸項引領軀幹，正如嶺之引領山脈。簡字岭不可解。

背 揹
简字 正字

北 北
篆文

人的背部沒法象形，祇好象意，畫二人背靠背，表示人的背部。黃河流域高緯度地帶的農家為了採光取暖，住宅坐北朝南，就把背向叫作北方。於是又造背字，專指人的背部。背作動詞，背約，背叛，背離。不過這些動詞背仍讀bèi，讀音照舊。用背部負重物則須改變讀音，所以不得不另造揹，讀bēi。揹字不能仿前例仍作背，道理在此。

刍 芻
简字 正字

割草飼牲，兩袋一挑。看這芻字造得多麼妙啊！叵耐他簡成刍，無趣無解。

胜 勝
簡字 正字

勝字從力，必須鼓勁，朕聲。用朕作聲符之字，不止勝一個。勝簡成胜了，其餘的謄塍腾賸滕縢媵賸䑱㬩又該怎麼辦？愚以為勿妄動，照舊為好。作聲符的朕字頗有趣味，值得說說。

朕字須看篆文，始知從舟，義指船板裂縫，所謂朕兆（兆指龜板裂紋）。查找裂縫所在，簡易方法是隔着船板觀察燈火。篆文正是如此。甲骨文不用燈火，而用棍敲偵聽，便能找到裂縫。秦朝以前人皆可以稱朕，即今之咱zán。

朕 𦨶 𦩎 𦩎
篆文 金文 甲骨文

据 據
簡字 正字

據亦正字，首見《詩經》，義為屈肘操作。忙於操作，無法腾出手來把持，謂之拮据。據則指人有所把持，字義與据不同。

宝 寶
簡字 正字

正字寶從珍，珍貴，從貝，貨貝，從宀，藏之室內。珍貴物品種類繁多，非僅玉類。貨貝即流通之貨幣也。歷來銅錢皆有通寶字樣，蓋以貨幣為首寶也。簡字宝早就有，作為書寫時方便字，舊時稱"手邊字"，自無不可。然終非正體字，不可不講清楚。

一零七·鐘轟錶驫線蘭蹦

钟 (簡字) 鐘 (正字)

還有鐘字，義指貯酒的大腹細頸青銅器，也簡成钟，一身二任。鐘被撞響，其聲zhōng而悠長，嗡嗡久之。這是古人說的"其名自呼"。鐘字從撞省，不撞則不名鐘矣。《易經》之童牛即撞牛，用角撞人的牛，是撞省也。所以鐘字簡不得。又，貯酒的大腹鐘很重，所以鐘從重，重亦聲，也簡不得。簡字钟無解。

车 (簡字) 轟 (正字)

車聲訇訇可畏，自古已然。三車即多車，交道口常見，噪聲高分貝。轟，學童一見不忘，何必簡字專家白費心思。倒是簡字轟，车字不象輪在軸上之形，雙在車下，引人遐想，有礙字義。

表 (簡字) 錶 (正字)

襖腰俵婊都容忍了，偏要和手錶過不去。表字看篆文是從衣。衣字象形，兩袖以及胸前交衿，代表一件衣袍。表是外衣，舊時叫面衣。古人冬着表衣。那時的表衣毛向外而愛在裏，居家可以這樣穿。若要外出，怕人嫌毛聳聳不受看，必須穿外衣覆蓋之。篆文表，毛藏在衣之內，以象外衣之意。天文家立標竿測日影於屋外，所以標竿名曰表竿。宮

篆文表

第213頁

門外立華柱，供行人看時間，謂之華表。用日晷看時間，謂之圭表。西洋造機械報時器，戴在手腕，譯曰手錶。加金旁表示有別於各種儀表。簡字表開倒車。

聶 聑
簡字　正字

聑字義為耳語，講悄悄話。耳語相傳，一個傳一個，所以三耳。篆文耳象形。簡字聶，雙在耳下，引人遐想，有礙字義。

篆文聑

彩 綵
簡字　正字

都是正字，各具字義，並存可也。彩字從彡shān，義為修飾美化，包括彩色在內。綵則指彩色的絲織品。綾羅綵緞，綵屬其中一種。宮女著綵，又稱綵女。結綵之舟非彩繪之船。舊時婚儀，男方要先送綵禮去，包括多種紡織品在內。綵字仍有必要使用。

茧 繭
簡字　正字

繭非草頭，他寫錯了，簡成茧自然也錯了。他不知曉此字用丫guān作聲符，音轉成jiǎn。簡字茧，草蟲嗎？不可解。

踊 踴
簡字　正字

古來踊踴通用。但注意到踊字兼指受刑砍腳者所穿的踊靴，可否考慮各司其職，踴用於踴躍，踊則作為特殊字存在，以反映古代史之真實？

一零儿·殲滅灕膛無積團

中國作家協會四川分會

歼 殲
簡字　正字

殲字從歹，今音dǎi而古音ǎi，義為剮殺，割成碎塊。韱是聲符，但也參與字義。韱字從韭，山中野韭，葉窄而短。至於𢦏jiān字意思更惡，從从從戈，一戈揮砍致命，從而又一戈割頭。沒有比殲更殘狠的字了。簡不得，簡成歼便使真相隱沒。

灭 滅
簡字　正字

簡字灭造得有趣味，兼有智慧。若從文字學看，又當別論。滅字從水從烕xū。滅烕二字音義有別。《詩經·小雅·正月》："燎之方揚，寧或滅之。赫赫宗周，褒姒烕之。"證明滅和烕有分別。滅是水滅火，全滅。烕xū即熄。熄從息，訓養蓄。烕(熄)謂明火高焰沒有了，餘火蓋柴灰養蓄着，下次好用。看字形，簡字灭是從烕字繼承來的，與滅字無涉。

痈 癰
簡字　正字

癰字筆劃多，是歷史的積累。此字義根在邕，從川從邑，水圍城也。四面城門被大水壅堵了，癰瘡有似之，這是象喻。由邕而雝，雁鳴聲也。再添病㾕，原作聲符用的邕又出來參與字義，顯示造字天機靈活，生生未已。簡字痈從用，不知有啥用，太輕率了。

25×20=500　　Ch001.60.93.9　　第215頁

肿 簡字　**腫** 正字

人之肌膚，腫則重矣。沉重，遲重，笨重，俱無好事。《說文解字》以腫釋癰。診之是癰，觀之是腫。簡字肿無解，而正字腫有提醒的意思。

无 簡字　**無** 正字

倉頡及其子孫未給有無的無造出專字，確實令人驚訝。甲骨文"亡禍"即無禍。死亡了也就沒有了。金文借舞作無。看甲骨文那是舞字，看金文仍然是。到篆文徹底變，從大槑聲。槑méi是梅的異體字。借méi表沒。沒字義為入水沒頂，人不見了就沒有了。看舞是怎樣變成無的，亦能察識造字之巧妙。簡字无是俗字，《周易》成書時始流行，不合文字之學，無理可講。

篆文　金文　甲骨文

积 簡字　**積** 正字

華北農家收割禾稼，檐下堆垛，蓋草防雨，秋後閒暇時再來加工脫粒，此之謂積。字從責表示責任尚未了。簡字积從只，只象女手卡量之形，不可解。

团 簡字　**團** 正字

專本紡垂象形。紡垂撥轉，轉軸恆定，生出專一之義。米粉搓轉，始成米粉糰。人繞核心成團，所以字須從專。簡字团無解。

Zhuān 篆文　甲骨文

一零九·膠帶補網捨濾吳

胶 膠
简字　正字

膠字從肉，可知熬取自動物的肉體，例如牛膠、驢膠、鰾膠。聲符翏字從羽，就是雙翅象形，㐱聲。㐱字許慎誤釋為新生的羽毛，未能認出是象形的尿字，音liào，作聲符用，不取字義。至於翏liào之字義則是雞翅被人左右交相扭結，使其不能拍搧。舊時客戀某妓，不能分離，被稱為嫪姻（láogù 牢固），即取雙翅扭結，不能分開之義。難怪酒中有混糖粒不能濾淨曰醪，成品麻十紮束成一古捆曰繆，言論思路絞纏不清曰謬。回到膠字，膠之用，在黏合，所以字從翏，翏亦聲，豈可妄簡。

翏 liào
篆文　金文　甲骨文

带 帶
简字　正字

简字带從卅sà，義指三十，是啥意思？正字帶看篆文原來是腰束帶，正中是帶釦kòu，象形。腰帶下是長袍的前襬。字從巾者，服裝屬於巾類也。简字带恰好看不出帶在哪裏。

帶
篆文帶

补 補
简字　正字

請他回答：為啥捕哺唷浦埔脯醭通甫莆蒲鯆輔䐃鋪都放過關了，唯有補命苦，要弄去修理？

网 / 網
簡字 / 正字

漢字由篆文演變為正字楷書，總要在字形上有所調整。例如篆文网調整後被納入羅罹羈罩罕胃罘罾罵罰厨署置罷罷，無不整容成四（非四）。他把篆文网直接弄來充當簡字，豈不雙重標準？篆文网早就被改成形聲字罔了。祇是古人借去作否定詞，方不得已又造網字。他這樣把網簡成网了，綱字怎麼辦？

舍 / 捨
簡字 / 正字

早在東漢《說文解字》舍作名詞，捨作動詞，已經分家。現今不必合併了。采字因為木上已經有爪，不必又添提手作採，也說得過去。舍則不然，不能仿效。

沪 / 滬
簡字 / 正字

編成竹柵，圍插於溝瀆，捕魚蟹，這就是滬。滬又叫斷，竹斷魚蟹游路，使不得出。舊時上海縣東北有水名滬瀆，後遂以滬瀆稱上海，進而簡稱為滬。簡字沪切斷了地方掌故傳承的線索，不利於歷史文化的傳承。

吴 / 吳
簡字 / 正字

吳字甲骨文是一人唱又比，篆文則是舉手貼耳唱歌。這就是後來音轉的娛字，他在那裏娛己娛人。簡成口天吴，是何意思耶？

篆文 / 甲骨文

一、⬛⬛·聯盜羨次氣竅裹

联 聯
简字　正字

手提⬛聯合嘛，為何用耳朵去聯合，怪哉。篆文聯字從絲從耳。甲骨文簡單些，⬛繩穿耳朵。

篆文　甲骨文

古代戰爭，殺敵割左耳，繩穿⬛掛腰間。又去殺，又割，又穿。積耳多了，二等兵直升團長。秦國的將軍好多都是這樣提升上來的。漢代以後，避凶趨吉，借連代聯。簡字联是不是关耳拒聽，猜不透。

盜 盜
简字　正字

盜字從㳄xián，是涎的異體字，指人嘴流唾液，所謂垂涎三尺。次下是皿，碗也。

㳄 次 涎
Xián　異體字　篆文

盜字本義祇是偷嘴而已，不犯法。賊則嚴重，持⬛戈拿貝，所謂強盜，要法辦的。簡字盗，次品碗？

羡 羨
简字　正字

羨字從羊，指羊肉佳肴端上桌。饞客未獲邀請，⬛躲在一旁口吞唾液。讀者或問，簡字羡少一點清口水而已，就不算羨慕？

次 㳄
篆文

答：次字並不是兩點水，而是二。看篆文次，小兒張口排气（篆文三波象气流形）呵欠，打了一個又打一個，就是次了。簡字羡不可解。

气　氣　　　古人不守規矩，把正字气減少一　气　氣　氣
簡字　正字　筆，造出乞字，　　　　　　　篆文　篆文

所以這個乞字屬於亂造，講不出道理來。原有的這個气被胡亂減了筆，大家祇好同意借氣字來充當气流的氣。其實氣字從米，義為糧食饋贈，气祇是聲符。這樣一來，老資格的气字不得不停用。於是祇好再造一個餼字，充當糧食饋贈的氣。兩千多年了，典籍經卷都這樣用，積非成是。簡字運動以來，把墓中的气字挖出來當簡字，又近六十年了。奈何與經典接不上軌道。愚以為倒不如將錯就錯，接軌更有利於今人攻讀經典著作。

窍　竅　　　《說文解字》："竅，口也。"此指人
簡字　正字　體七個竅孔之口。竅則擴大其義，兼指山穴、海眼、井泉、樹洞。可知竅字從穴從竅省，竅亦聲。簡字窍不能概括人體以及動物軀體之口，使字義受損了，不可取。

里　裏　　　皆是正字。里，里巷，里弄，閭里，鄰
簡字　正字　里，道里，華里，公里。裏則從衣，指夾層衣褲的內層，俗呼裏子。讓正字里兼任裏之簡字，等同命令雄雞報曉，炊事員開飛機。

一一一·監鑑覽艦鹽鑰鑾

中國作家協會四川分會

監jian字是人瞪大眼睛俯照水盆。甲骨文盆●盛水，水●涵影，古代女子就是這樣照水鏡的。男子危坐而照，以目代首，水影省了。到金文目瞪大，變成臣，且與人體分離。篆文承之。正字監裏內涵豐富，情態●物理俱備。簡字监拆開看是"二个皿"，所云何耶？彭帥以湘語斥責領袖說："仔賣爺田不心疼！"深獲鄙心。

監 jian 篆文 金文 兩個甲骨文

鑑是青銅大盆，盛水照影。後來磨製銅鏡，取代大盆水鏡。近代始有水銀敷底之玻璃鏡。由鑑而鏡，史蹟存於文字。

鑒鑑都是從金從監，監亦聲。這叫一字兩寫。金置左旁為鑑，金置下部為鑒，本●不殊也。不過詞義稍異，鑑多作名詞用，鑒多作動詞用，共存為好。

覽字從見從監，監亦聲。監聲怎麼又讀lan音？古漢語有複輔音也。試將jian音拖長緩喻，尾上自然引出lan●來。後來分化●而出，監覽各讀各的音了。

第221頁

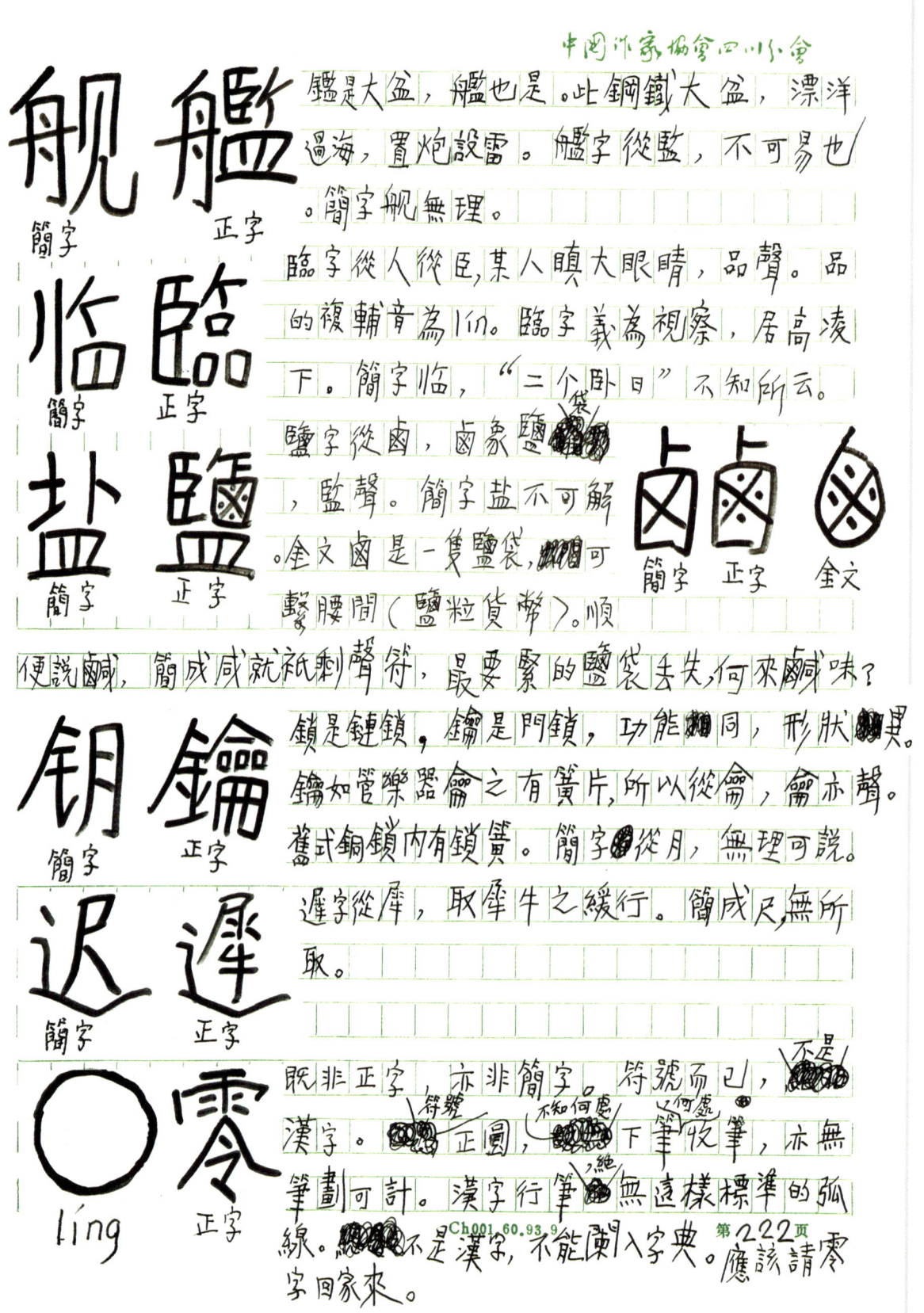

艦是大盆，艦也是。此鋼鐵大盆，漂洋過海，置炮設雷。艦字從監，不可易也。簡字舰無理。

臨字從人從臣，某人瞪大眼睛，品聲。品的複輔音為lin。臨字義為視察，居高凌下。簡字临，"二个卧日"不知所云。

鹽字從鹵，鹵象鹽袋，監聲。簡字盐不可解。金文鹵是一隻鹽袋，可繫腰間（鹽粒貨幣）。順便說鹹，簡成咸就衹剩聲符，最要緊的鹽袋丟失，何來鹹味？

鎖是鍵鎖，鑰是門鎖，功能同，形狀異。鑰如管樂器龠之有簧片，所以從龠，龠亦聲。舊式銅鎖內有鎖簧。簡字從月，無理可說。

遲字從犀，取犀牛之緩行。簡成尺無所取。

既非正字，亦非簡字，符號而已，不是漢字。正圓，下筆收筆，亦無筆劃可計。漢字行筆無這樣標準的弧線。不是漢字，不能闌入字典。應該請零字回家來。

时间老去　文字不死

老愚工作室